〈원큐패스 조경기능사 실기〉는 조경기능사 실기시험을 대비하는 수험생을 위한 교재로 다년간 조경산림전문교육기관을 운영하며 쌓아온 필자의 강의경험·현장경험·실무경험을 바탕으로 단시간 내에 합격할 수 있는 방법을 전달하고자 출간하게 되었습니다. 특히, 이번에 출간하는 〈원큐패스 조경기능사 실기〉는 도달할 목표점을 먼저 확실히 제시하여 불필요한 부분은 삭제하고 핵심만을 전달하려 노력하였으며, 실전강화에 도움이 되도록 구성하였습니다.

〈원큐패스 조경기능사 실기〉

PART I 조경설계

- 조경제도 기본과 조경설계 도면작성을 통해 효율적으로 도면을 작성할 수 있는 합격 노하우를 자세하게 수록하였습니다.
- 조경설계 실전 문제풀이에서는 초보자도 쉽게 도면을 이해할 수 있도록 2D와 3D 모범답안 예시를 수록하여 좀 더 사실적으로 구성하였습니다.

PART II 조경시공 작업형 &구술형

- 조경시공 작업형에서는 정확한 실제 시공 과정을 사진자료로 빠짐없이 수록하였습니다.

PART III 수목감별 120종

- 수목감별은 수목에 대한 기초적 내용부터 생리·생태적 특징까지를 정리하였으며, 가장 중요한 요소는 각각 개별 설명을 통하여 학습할 수 있도록 하였습니다.

최신 출제경향을 반영한 〈원큐패스 조경기능사 실기〉로 학습한 모든 수험생들에게 합격의 행운이 함께하기를 기대하며 앞으로 더욱 알찬 교재가 되도록 노력하겠습니다.

끝으로 출판을 위해 힘써주신 다락원 출판사 관계자 여러분께 깊은 감사 인사드립니다.

저자 드림

시험 안내

① 시험안내

조경 실시설계도면을 이해하고 현장여건을 고려하여 시공을 통해 조경 결과물을 도출하여 이를 관리하는 직무이다.

② 시험일정 및 응시료

1. 시험일정

구분	필기원서접수 (휴일제외)	필기시험	필기합격 (예정자 발표)	실기원서접수 (휴일 제외)	실기시험	최종합격자 발표
2025년 정기 기능사 1회	2025.01.06 ~ 2025.01.09	2025.01.21 ~ 2025.01.25	2025.02.06	2025.02.10 ~ 2025.02.13	2025.03.15 ~ 2025.04.02	2025.04.18
2025년 정기 기능사 2회	2025.03.17 ~ 2025.03.21	2025.04.05 ~ 2025.04.10	2025.04.16	2025.04.21 ~ 2025.04.24	2025.05.31 ~ 2025.06.15	2025.07.04
2025년 정기 기능사 3회	2025.06.09 ~ 2025.06.12	2025.06.28 ~ 2025.07.03	2025.07.16	2025.07.28 ~ 2025.07.31	2025.08.30 ~ 2025.09.17	2025.09.30
2025년 정기 기능사 4회	2025.08.25 ~ 2025.08.28	2025.09.20 ~ 2025.09.25	2025.10.15	2025.10.20 ~ 2025.10.23	2025.11.22 ~ 2025.12.10	2025.12.24

2. 응시료 : 필기 - 14,500(원) / 실기 - 30,400(원)

③ 시험방식

1. 실기시험

과목	내용	비고
1. 조경 설계 (배점 50점)	• 제한 시간 2시간 30분 이내에 현황도와 설계조건에 맞추어 평면도와 단면도 각각 작성 제출	※ 하나라도 미완성 시 실격
2. 조경 작업 (배점 40점)	• 교목 식재(식혈, 지주목 세우기, 수피 감기), 관목국식, 뿌림 돌림, 잔디뗏장식재, 잔디종자파종, 점토블럭포장, 판석포장, 수간주사 등 약 10여 종류 작업 중 2~3개 작업이 랜덤으로 주어짐 • 순서와 요령 반복암기, 섀도잉 이미지 트레이닝 반복	
3. 수목 감별 (배점 10점)	• 수목감별 목록의 120개 수종 중 20개 수종의 사진을 보고 수목명을 답안지에 직접 기재해서 제출 • 한 수종당 4장의 사진을 한 장당 약 4초간 보여주며, 20종 모두 보여준 후 한 번 더 반복하여 보여준다.	※ 문제당 0.5점으로 20문제 출제

2. 필기시험 : 조경설계, 조경시공, 조경관리 60문제(※ 100점 만점 60점 이상 합격)

QPASS

조경
기능사
실기

현병희 · 이찬호 공저

다락원

이 책의 특징

● 효율적인 도면작성을 위한 저자만의 합격 노하우

 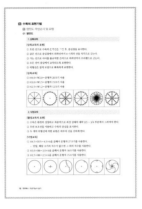

다년간의 현장경험을 바탕으로 효율적인 도면작성을 위한 저자만의 합격 노하우를 수록하였다.

● 도면의 정확한 이해를 위한 2D 및 3D 모범 답안 제시

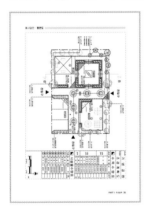 

예시답안으로 단면도와 평면도 제시 후, 최종 3D 작업을 수록하였다.

● 상세한 실제 시공 과정 사진 + 빈출 수목 컬러이미지

실제 시공하는 과정을 자세한 사진자료로 설명하였고, 빈출되는 수목을 컬러이미지로 수록하였다.

※ 다년간의 걸친 현장 경험을 바탕으로 한 저자 직강 무료 동영상 강의는 표지에 있는 QR 스캔!!

목차

PART II 조경시공 작업형&구술형

PART III 수목감별

PART

I

조경설계

조경제도 기본

1 필수 제도용구

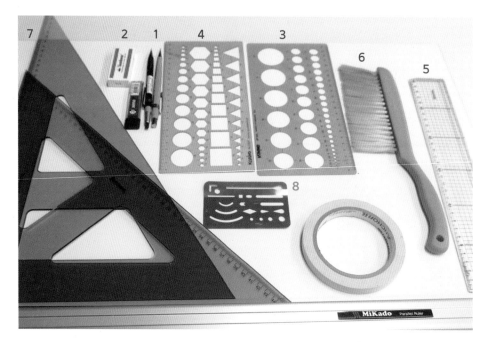

사진번호	명 칭	사용 용도
1	제도용 샤프	샤프심 종류[0.9HB, 0.5HB]
2	제도용 지우개	부드러운 지우개 권장
3	원형템플렛	수목평면표현
4	종합템플렛	수목표현 및 시설물표현
5	방안자[30cm]	공간분할, 표제란
6	빗자루	지우개가루 및 샤프심가루 털어내는 용도
7	삼각자	수평선, 수직선, 대각선
8	지우개판	세밀한 부분 수정 및 불필요한 부분 지움

※ 제도판은 시험장에 비치되어 있는지 본인이 가져가야 하는지 확인이 필요함

2 조경제도의 기초 – 제도용지 셋팅

01 제도용지 고정하기

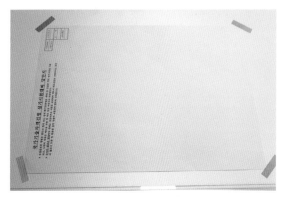

02 윤곽선 그리기

방안자를 이용하여 네군데 모서리로부터 10mm씩 떨어진 곳에 윤곽선 위치를 표시하고 진한 선으로 선명하게 그어준다.

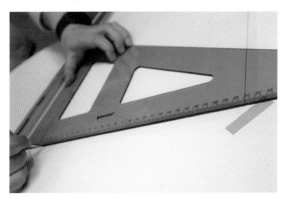
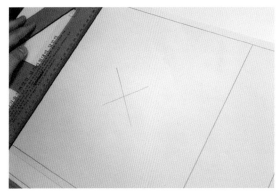

03 표제란 외곽선 그리기

우측에 80mm폭으로 표제란을 설정한다[단, 대상지가 클 경우에는 폭을 조정할 수 있다].

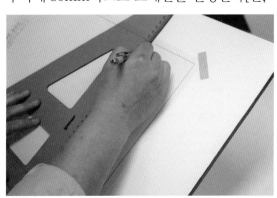
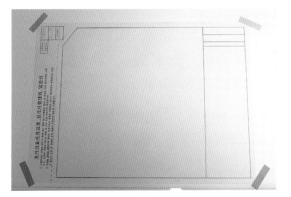

04 중심선 그리기 : 삼각자를 이용하여 중심점을 표시한다.

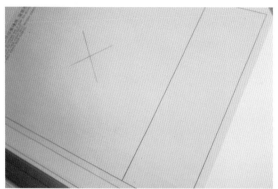

05 수직 수평선 그리기

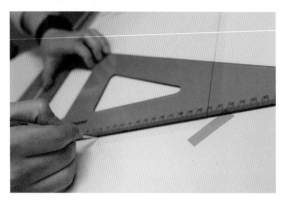

3 도면의 구성

합격포인트[시험시간 2시간 30분 배분]

- 각 문항마다 배점이 있기 때문에 한 문항도 누락되지 않도록 한다.

1 평면도 설계[1시간 30분]

01 표제란 작성[15분] 및 방위표시[10분]

1) 표제란 폭은 80mm로 하고 대상지가 큰 경우 폭을 조정하여 설계한다.

2) 해당지역이 중부지방인지 남부지방인지 확인 후 식재수종을 선택한다.

3) 수목수량표에 선택된 수종을 기입한다.

4) 시험조건에 따른 수목수량은 변경될 수 있다.

5) 시설물 수량표에는 대략 선을 5줄 정도 그어준다[상황에 따라서 선을 늘려준다].

6) 방위표시와 스케일을 그리지 않으면 감점처리된다.

02 현황도 설계[30분]

1) 현황도 그리기

2) 그리드 칸수를 셀 때 실수하지 않도록 칸수마다 숫자를 매긴다.

03 시설물 설계[10분]

1) 구획된 가, 나, 다, 라 공간별로 시설물을 설계한다.

例 놀이시설, 퍼걸러, 휴지통, 벤치, 볼라드, 벽천, 조명등 안내판 등

04 포장재료 기입[10분]

1) 각 공간마다 포장재료를 기입한다.

例 소형고압블럭, 투수콘크리트, 콘크리트, 고무칩, 마사토 등 적합한 장소에 기호로 표현하고 포장명을 반드시 기입한다.

05 식재표현 [30분] : 중부지역

유도식재	경관식재, 소나무군식, 차폐식재 등의 식재 표현 : 원로 내 유도식재로 활용한다.
녹음식재	왕벚나무, 느티나무, 버즘나무, 은행나무, 회화나무
유도식재	느티나무, 왕벚나무
소나무군식 소나무	소나무 군식할 때 서로 다른 규격은 소나무 1종으로 기재해 주어야 한다.
차폐식재	스트로브잣나무[주차공간주변은 차폐식재를 한다.]
경관식재	왕벚나무, 느티나무, 산수유, 꽃사과, 자귀나무
경사면	관목류[영산홍, 자산홍]식재

2 단면도 설계[30분]

1. 테두리선 그리기
2. 지표선[GL] 그리기
3. 단면선 경계영역 그리기
4. 지상영역 표시하기
5. 단면선상의 경계석, 수목, 시설물, 포장재료, 공간나누기

3 상세도 설계[20분]

1. 포장재료의 수[경계석 포함]를 파악하여 좌에서 우로 배치한다.
2. 각각의 간격은 4cm 정도가 되어야 한다.
3. 포장상세도 위쪽의 선이 일직선이 되도록 한다.
4. 상세도 명이 일직선이 되도록 한다.
5. 상세도의 순서에 맞게 균등배치해야 한다.
6. 상세도 축척은1/10, 1/20이므로 축척을 빠뜨리지 않도록 한다.

4 최종검토[10분]

4 선긋기 및 글씨연습

1 선긋기

평면도 단면도 도로변소공원 표사면. 도면명. 쿨그린도포장. 바사토포장
소나무. 벚꽃나무 평면도. 단면도 수형교양능력 스톤보강나무 단면도
파석포장. 수형교양능력포장. 도로변 소공원. 화강석 놀력포장 평면도. 쿨그린도포장
벚꽃나무 도로변소공원 평면도. 소나무. 수형교양능력포장 공사면 단면도 도로변소

5 수목의 표현기법

1 평면도 작성순서 및 요령

01 평면도

1. 상록교목

[상록교목의 표현]

① 흐린 선으로 수목의 윤곽선을 그린 후, 중심점을 표시한다.

② 굵은 선으로 중심점에서 외곽선까지 4~5개의 선을 직각으로 긋는다.

③ 가는 선으로 사이를 불규칙한 간격으로 외곽선까지 프리핸드로 긋는다.

④ 모든 선이 중심에서 교차되도록 표현한다.

⑤ 외형선은 침의 모양으로 뽀족하게 표현한다.

[상록교목]

① H4.0×W2.0＝운형자 20크기 사용

② H3.0×W1.5＝운형자 15크기 사용

③ H2.5×W1.2＝운형자 12크기 사용

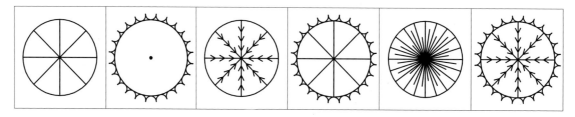

2. 낙엽교목

[활엽교목의 표현]

① 수목은 완전히 성장하고 최종적으로 퍼진 상태의 대략 2/3 ~ 3/4 부분에서 그려져야 한다.

② 흐린 보조선을 사용하고 수목의 중심을 표시한다.

③ 두 개의 외형선에 의한 표현은 외부의 선을 진하게 한다.

[낙엽교목]

① H4.5×B15＝4.5×6을 곱해서 운형자 27크기를 사용한다.

　　※ 만일, 해당 크기의 치수가 없으면 그 위의 치수를 사용한다.

② H3.0×R8＝3.0×6을 곱해서 운형자 18크기를 사용한다.

③ H2.5×R8＝2.5×6을 곱해서 운형자 15크기를 사용한다.

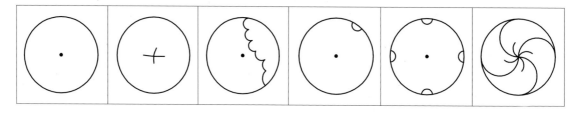

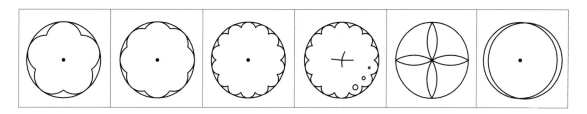

[관목의 표현]

① 관목의 표현은 교목의 표현과 유사하다.

② 단지 관목은 군식 표현이 대부분이므로 군식 표현 기법을 사용한다.

③ 침엽과 활엽의 구분은 교목의 표현 구분과 동일하게 적용한다.

[관목]

① 유도식재 및 공원중앙에 있는 화단, 플랜트 박스에 식재하는 것이 좋다.

② 1m²당 - W가 0.3이면 11주, W가 0.4이면 6주, W가 0.5이면 4주, W가 0.6이면 3주로 계산을 한다.

> 예 전체 식재지역에 77주가 나오면 할증률 고려 80주로 식재한다.

02 단면도

4. 초화류 식재

① 포트의 직경 : 1치＝2.5cm~3cm

② 계산법

구분	사이즈	규격(직경/cm)	수량산출(본/m²당)
1	3치 포트	7.5cm~9cm	80본 식재
2	2~3분얼		
3	4치 포트	10cm~12cm	60본 식재
4	4~5분얼		
5	5치 포트	12.5cm~15cm	30본 식재

③ 텃밭 작물사이즈(각 작물 W 암기)

구분	작물명	규격(W)
1	방울토마토	0.5
2	고구마	0.4
3	고추	0.4
4	배추	0.4
5	무	0.3
6	생강	0.2
7	상추	0.2
8	열무	0.1

6 포장지역 표현기법

포장 재료 표현은 재료의 질감을 나타내는 것 외에 재료의 물리적 크기나 단위 부분의 성질도 나타내야 한다. 재료의 특성과 질감 효과 등을 명확하고 간결하게 나타내도록 한다.

7 시설물 표현기법

디자인 요소들은 수목 평면 이외의 실질적 설계 내용들로, 이러한 설계 요소들의 재료 특성이나 형태를 설명하듯이 표현할 수 있도록 제도에서 협약된 기호나 표시 사항을 실습해야 한다.

1 휴게 및 편의시설

명칭	평벤치(앞)	평벤치(옆)	등벤치(앞)	등벤치(옆)
평면도				
규격	1,200×500	1,200×500	1,200×500	1,200×500
단면도				
규격	H500	H500	H1,000	H1,000

명칭	수목보호대	안내판	휴지통	볼라드
평면도				
규격	1,000×1,000	1,500×300	Ø500	Ø300
단면도				
규격	H50	H1,500	H800	H700

명칭	음수전	조명등	앉음벽
평면도			
규격	500×500	Ø500	L3,000
단면도			
규격	H1,000	H2,000	H500

명칭	야외테이블	이동식테이블
평면도		
규격	2,000×2,000	Ø2,000
단면도		
규격	H1,000	H1,000

명칭	파고라	정자
평면도		
규격	3,000×3,000	Ø3000
단면도		
규격	H3,000	H3,000

② 놀이시설물

명칭	정글짐	회전무대	시소(앞)	시소(옆)
평면도				
규격	2,000×2,000	Ø2,000	2,000×2,000	2,000×2,000
단면도				
규격	H2,000	H1,000	H1,000	H1,000

명칭	그네(앞)	그네(옆)	미끄럼틀	
평면도				
규격	2,000×2,000	2,000×2,000	4,200×2,200	
단면도				
규격	H2,000	H2,000	H2,700	

③ 운동시설물

명칭	철봉	평행봉	평균대	래더
평면도				
규격	L2,000	2,000×500	2,000×500	3,000×500
단면도				
규격	H2,000	H2,000	H1,000	H2,000

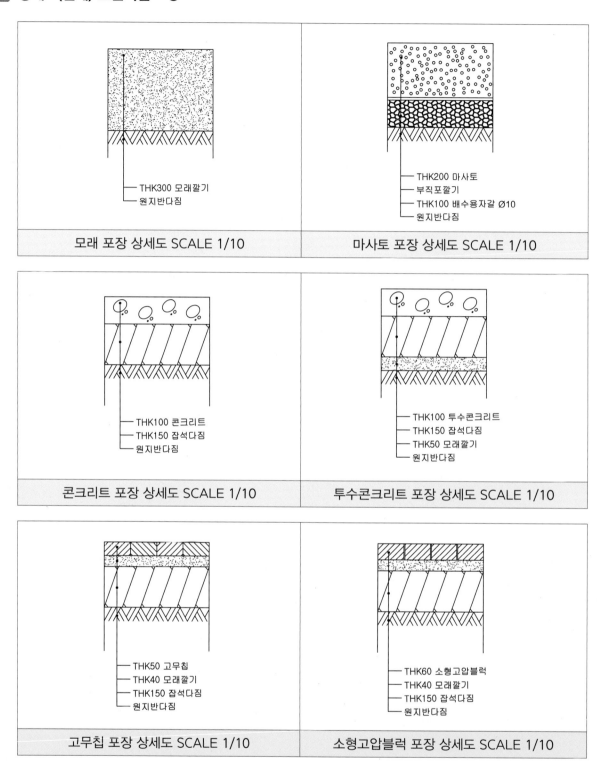

THK300 모래깔기 원지반다짐	THK200 마사토 부직포깔기 THK100 배수용자갈 Ø10 원지반다짐
모래 포장 상세도 SCALE 1/10	마사토 포장 상세도 SCALE 1/10
THK100 콘크리트 THK150 잡석다짐 원지반다짐	THK100 투수콘크리트 THK150 잡석다짐 THK50 모래깔기 원지반다짐
콘크리트 포장 상세도 SCALE 1/10	투수콘크리트 포장 상세도 SCALE 1/10
THK50 고무칩 THK40 모래깔기 THK150 잡석다짐 원지반다짐	THK60 소형고압블럭 THK40 모래깔기 THK150 잡석다짐 원지반다짐
고무칩 포장 상세도 SCALE 1/10	소형고압블럭 포장 상세도 SCALE 1/10

9 상세도(설계) 표현기법 – ②

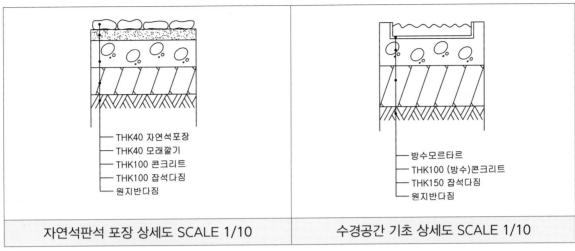

THK40 자연석포장
THK40 모래깔기
THK100 콘크리트
THK100 잡석다짐
원지반다짐

자연석판석 포장 상세도 SCALE 1/10

방수모르타르
THK100 (방수)콘크리트
THK150 잡석다짐
원지반다짐

수경공간 기초 상세도 SCALE 1/10

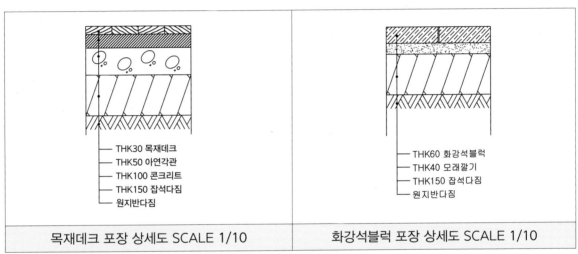

THK30 목재데크
THK50 아연각관
THK100 콘크리트
THK150 잡석다짐
원지반다짐

목재데크 포장 상세도 SCALE 1/10

THK60 화강석블럭
THK40 모래깔기
THK150 잡석다짐
원지반다짐

화강석블럭 포장 상세도 SCALE 1/10

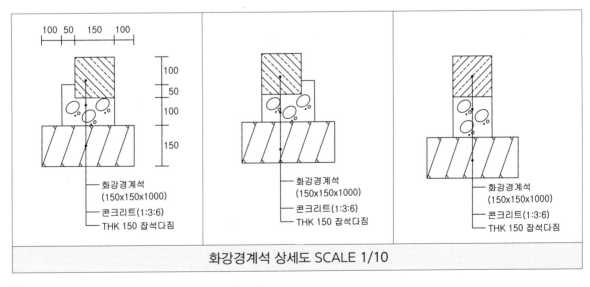

100 50 150 100

100
50
100
150

화강경계석
(150x150x1000)
콘크리트(1:3:6)
THK 150 잡석다짐

화강경계석
(150x150x1000)
콘크리트(1:3:6)
THK 150 잡석다짐

화강경계석
(150x150x1000)
콘크리트(1:3:6)
THK 150 잡석다짐

화강경계석 상세도 SCALE 1/10

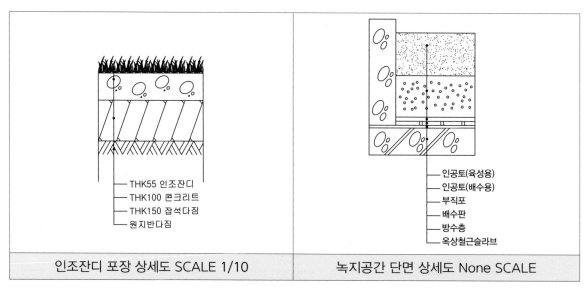

인조잔디 포장 상세도 SCALE 1/10

녹지공간 단면 상세도 None SCALE

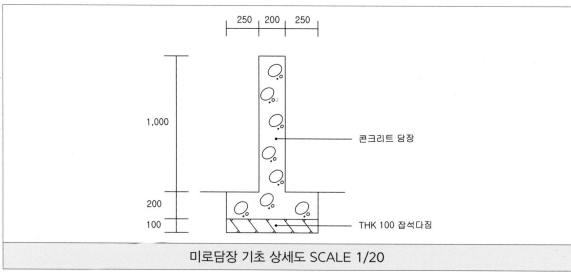

미로담장 기초 상세도 SCALE 1/20

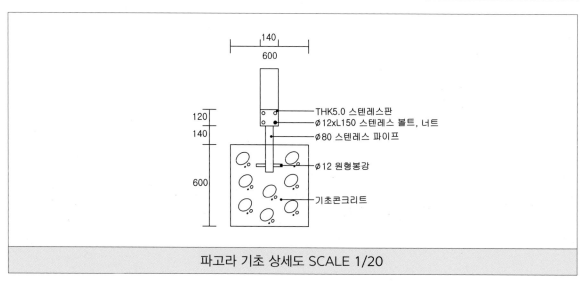

파고라 기초 상세도 SCALE 1/20

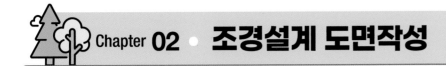

Chapter 02 ● 조경설계 도면작성

1 평면도 작성요령

1 선의 종류

구분	내용
굵은선	테두리선, 외곽선(이점쇄선), 범례표, 단면선, 상세도, 시설물, 식생표현
보통(가는)선	인출선, 치수선, 마감선(보도블럭 등 경계선)
파선	숨은선(파고라 내부에 벤치 그리기)
경계선	0.2cm(2mm) 간격

2 축적 및 방위표시

구분	내용
두께/단위	0.6mm(상·하 0.3mm), 길이 - 1, 3, 5cm로 구분하고, 숫자 5 옆에 반드시 (M 또는 m) 표시(기록)
방위표 N	삼각꼭짓점 바로 위 정중앙에 표시 - 동그라미와 세모는 미리 규격에 맞는 것을 인지하고 있어야 빨리 그릴 수 있음
SCALE 1/100	일직선이 되게 작성, 밑으로 처지면 안 됨

3 공사명, 도면명 글씨 : 조금 작게 위로 작성

4 공사명, 도면명, 수목수량표, 시설물수량표 글씨 : 크기가 같게 작성해야 하며 전체 폭도 같아야 한다.

5 수목수량표와 시설물수량표 앞에 그리는 네모박스 : 0.8크기로 하고 공사명과 도면 명의 가운데 글씨(사, 면)에 위치하는 것이 보기 좋다.

6 표제란 내 나머지 글씨 크기와 인출선의 글씨 크기 : 보통 크기로 하면서 크기가 비슷해야 한다.

7 공간나누기 : 각 도면별로 상황에 제시된 공간을 제대로 나눈다.
   예 놀이공간, 보행공간, 휴식공간, 중심광장, 주차공간 등으로 구분, 상황에 제시된 내용을 잘 확인해서 명칭을 정확히 작성한다.

8 공간별 바닥포장

구분	내용
휴식공간, 보행공간(원로), 이동공간, 중심 광장 등	소형고압블럭, 점토벽돌(블럭)
놀이공간	고무칩(제일 좋음), 모래(고무칩이 없으면 대신 사용)
주차장	투수콘크리트, 콘크리트 등
수경공간	방수콘크리트

※ 포장지역 표기는 공간내부 상황을 고려하여 구석진 부분 아무 곳에나 표기해 주면 된다.

2 평면도 작성순서

1. 테두리선 그리기
2. 표제란 작성하기
3. 방위 및 축척표 작성하기
4. 대상지 현황도 그리기
5. 포장하기
6. 경계석 그리기
7. 시설물 그리기
8. 공간명(이름) 작성하기
9. 교목 식재하기
10. 관목식재하기

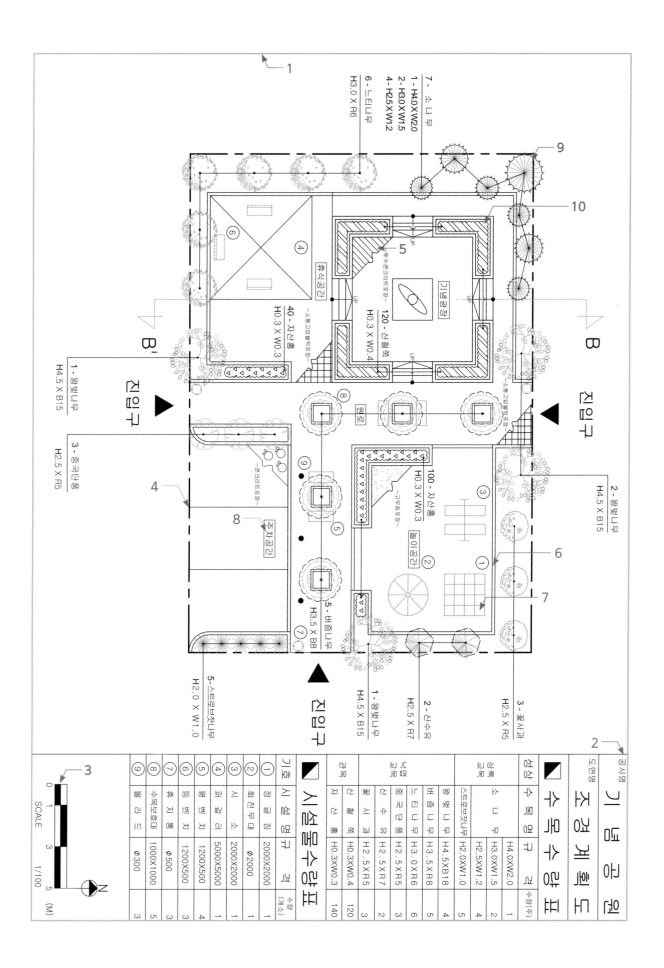

3 단면도 작성순서 및 요령

1. 테두리선 그리기

2. 지표선[GL] 그리기

3. 단면선 경계영역 그리기

4. 지상영역 표시하기

5. 단면선상의 경계석, 수목, 시설물, 포장재료, 공간 나누기

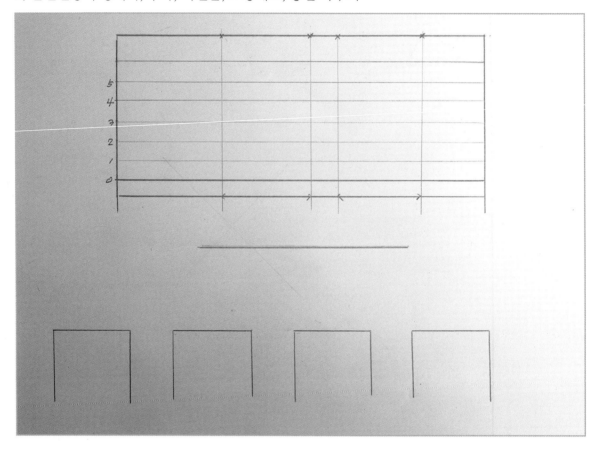

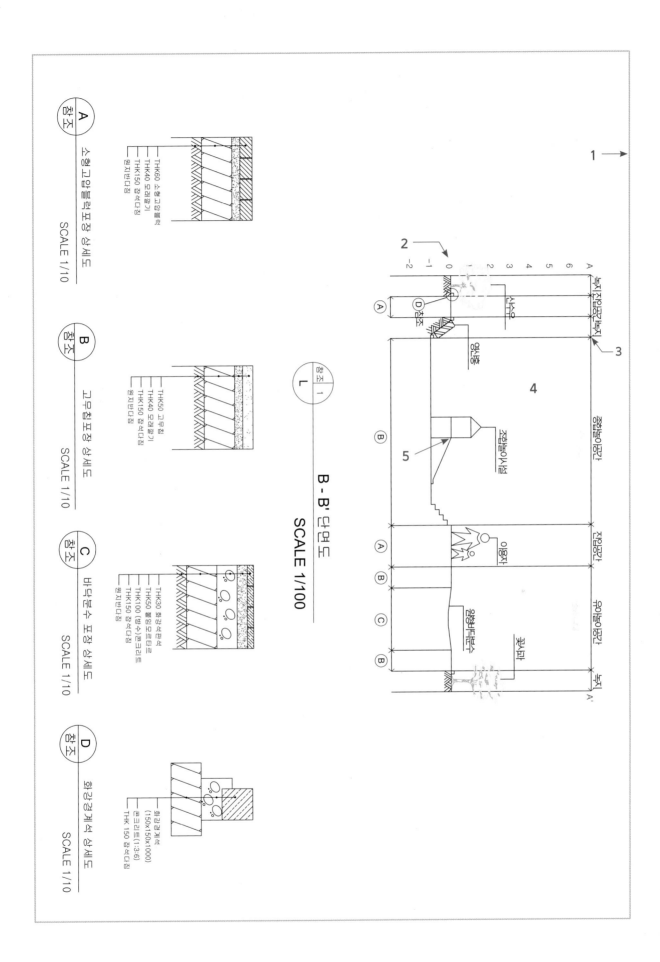

B - B' 단면도
SCALE 1/100

4 상세도 작성순서 및 요령

1. 포장재료의 수[경계석 포함]를 파악하여 좌에서 우로 배치한다.
2. 전체간격은 4cm 정도가 되어야 한다.
3. 포장상세도 위쪽의 선이 일직선이 되도록 한다.
4. 상세도 명이 일직선이 되도록 한다.
5. 상세도의 순서에 맞게 균등배치해야 한다.
6. 상세도 축척은 1/10, 1/20이므로 축척을 빠뜨리지 않도록 한다.
7. 상세도 폭은 4cm로 한다.

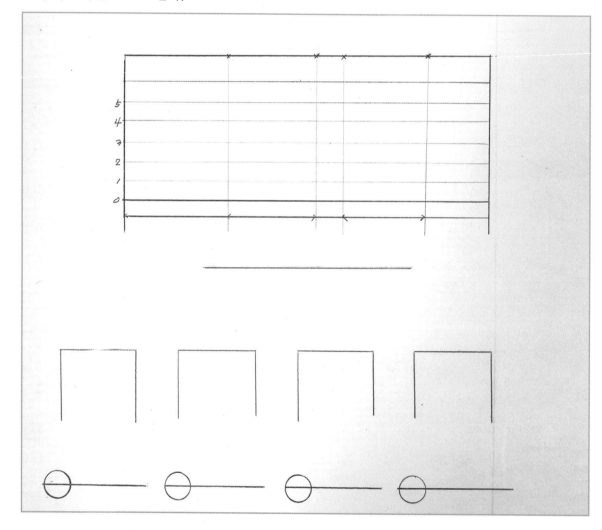

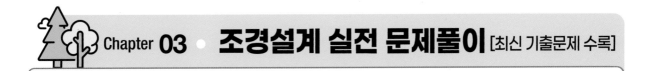

1 도로변소공원[기념공원]

설계문제

우리나라 중부지역에 위치한 도로변의 기념공원 공간에 대한 조경설계를 하고자 한다. 주어진 현황도 및 아래 사항을 참조하여 설계조건에 따라 조경계획도를 작성하시오. (단, 이점쇄선 안 부분이 조경설계 대상지임)

요구사항

1) 식재 평면도를 위주로 한 조경계획도를 축척 1/100로 작성하시오. (지급용지 1)

2) 도면 오른쪽 위에 작업명칭을 작성하시오.

3) 도면 오른쪽에는 "중요시설물 수량표와 수목(식재)수량표"를 작성하고, 수량표 아래쪽에 "방위표시와 막대축척"을 그려 넣으시오. (단, 전체 대상지의 길이를 고려하여 범례표의 폭을 조정할 수 있다.)

4) 도면의 전체적은 안정감을 위하여 "테두리선"을 넣으시오.

5) B-B' 단면도를 축척 1/100로 작성하시오. (지급용지 2)

설계조건

1) 해당 지역은 도로변의 자투리 공간을 이용하여 휴식 및 어린이들이 즐길 수 있는 기념공원으로, 공원의 특징을 고려하여 조경계획도를 작성하시오.

2) 포장지역을 제외한 곳에는 가능한 식재를 하시오. (단, 녹지공간은 빗금 친 부분이다.)

3) 포장지역은 "소형고압블록, 콘크리트. 마사토, 모래, 투수콘크리트" 등 적당한 위치에 적합한 포장재를 선택하여 표시하고, 포장명을 기입하시오.

4) "가" 지역은 놀이공간으로 계획하고 그 안에 어린이 놀이시설을 3종을 배치하시오.

5) "다" 지역은 휴식공간으로 이용자들의 편안한 휴식을 위해 파고라(5,000×5,000mm) 1개와 앉아서 휴식을 즐길 수 있도록 등벤치 3개를 설치하시오.

6) "라" 지역은 주차공간으로 소형자동차(3,000×5,000mm) 3대가 주차할 수 있는 공간으로 계획하고 설계하시오.

7) "나" 지역은 "가", "다", "라" 지역보다 1m 높은 지역으로 기념광장으로 계획하고, 적당한 곳에 벤치 3개를 배치하시오.

8) 대상지 내에 보행자 통행에 지장을 주지 않는 곳에 2인용 평상형 벤치(1,200×500mm) 4개 (단, 파고라 안에 설치된 벤치는 제외), 휴지통 3개소를 설치하시오.

9) 대상지 내에는 유도식재, 녹음식재, 경관식재, 소나무 군식 등의 식재 패턴을 필요한 곳에 적당히 배식하고, 필요한 곳에 수목보호대를 설치하여 포장 내에 식재를 하시오.

10) 수목은 아래에 주어진 수종 중에서 10가지를 선정하여 골고루 안정적인 배식이 될 수 있도록 계획하며, 인출선을 이용하여 수량, 수종명칭, 규격을 반드시 표기하시오.

> **소나무**(H4.0×W2.0), **소나무**(H3.0×W1.5), **소나무**(H2.5×W1.2), **스트로브잣나무**(H2.5×W1.2), **스트로브잣나무**(H2.0×W1.0), **왕벚나무**(H4.5×B15), **버즘나무**(H3.5×B8), **느티나무**(H3.0×R6), **청단풍**(H2.5×R8), **중국단풍**(H2.5×R5), **자귀나무**(H2.5×R6), **꽃사과**(H2.5×R5), **산수유**(H2.5×R7), **산딸나무**(H2.5×R5), **수수꽃다리**(H1.5×W0.6), **병꽃나무**(H1.0×W0.4), **쥐똥나무**(H1.0×W0.3), **명자나무**(H0.6×W0.4), **산철쭉**(H0.3×W0.4), **자산홍**(H0.3×W0.3), **조릿대**(H0.6×7가지)

11) B-B' 단면도는 경사, 포장재료, 경계선 및 기타 시설물의 기초, 주변의 수목, 중요시설물, 이용자 등을 단면도상에 반드시 표기하시오.

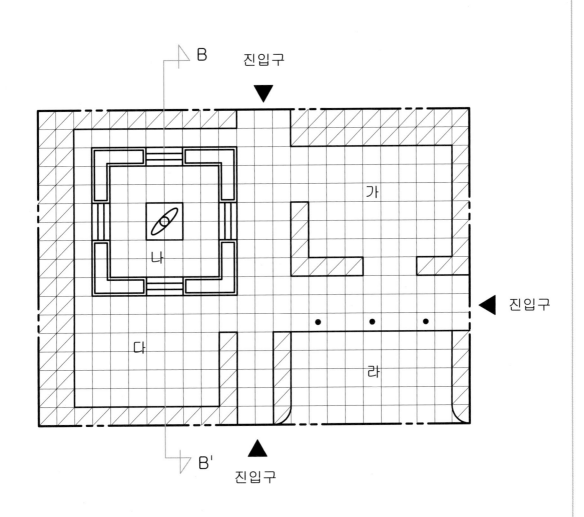

B 진입구

▼

가

◀ 진입구

나

다

라

B' 진입구

▲

*참조: 격자 한 눈금이 1M

N

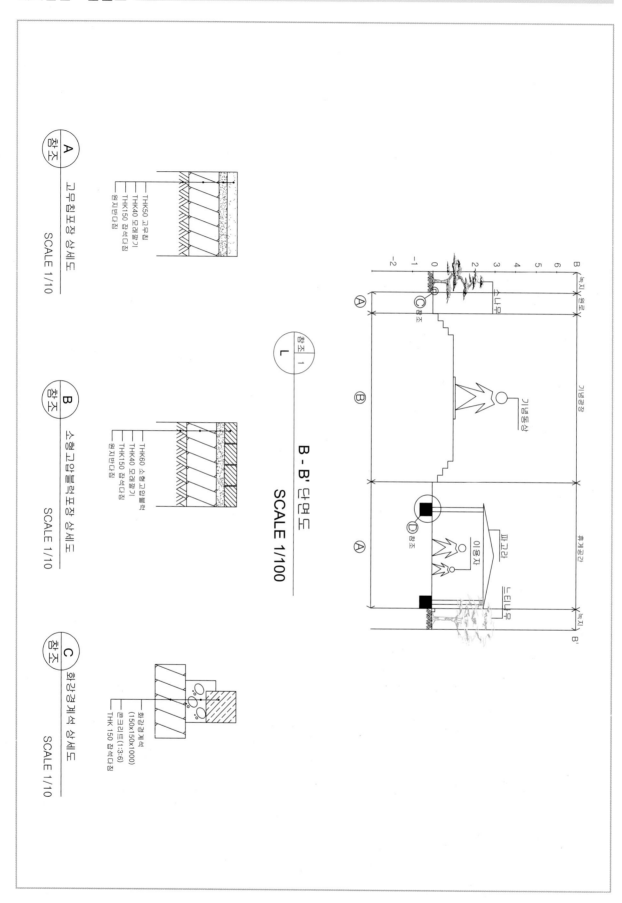

참조 A 고무칩포장 상세도 SCALE 1/10
- THK50 고무칩
- THK40 모래깔기
- THK150 잡석다짐
- 원지반다짐

참조 L 1 B - B' 단면도 SCALE 1/100

참조 B 소형고압블럭포장 상세도 SCALE 1/10
- THK60 소형고압블럭
- THK40 모래깔기
- THK150 잡석다짐
- 원지반다짐

참조 C 화강경계석 상세도 SCALE 1/10
- 화강경계석
  (150x150x1000)
- 콘크리트(1:3:6)
- THK 150 잡석다짐

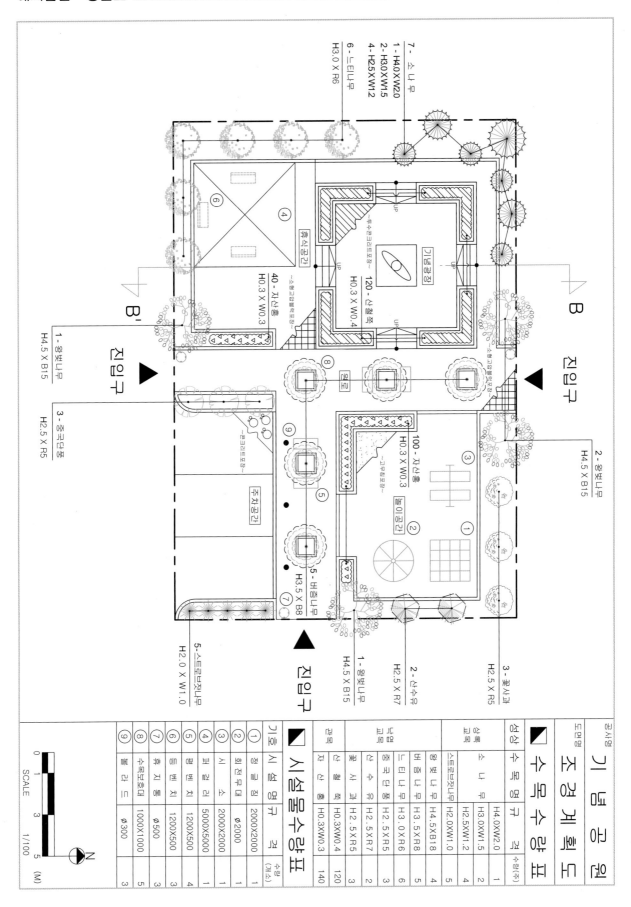

2 도로변소공원[벽천]

우리나라 중부지역에 위치한 도로변의 빈 공간에 대한 조경설계를 하고자 한다. 주어진 현황도 및 아래 사항을 참조하여 설계조건에 따라 조경계획도를 작성하시오. (단, 이점쇄선 안 부분이 조경설계 대상지임)

요구사항

1) 식재 평면도를 위주로 한 조경계획도를 축척 1/100로 작성하시오. (지급용지 1)

2) 도면 오른쪽 위에 작업명칭을 작성하시오.

3) 도면 오른쪽에는 "중요시설물 수량표와 수목(식재)수량표"를 작성하고, 수량표 아래쪽에 "방위표시와 막대축척"을 그려 넣으시오. (단, 전체 대상지의 길이를 고려하여 범례표의 폭을 조정할 수 있다.)

4) 도면의 전체적인 안정감을 위하여 "테두리선"을 넣으시오.

5) B-B' 단면도를 축척 1/100로 작성하시오. (지급용지 2)

설계조건

1) 해당 지역은 도로변의 자투리 공간을 이용하여 휴식 및 어린이들이 즐길 수 있는 도로변소공원으로, 공원의 특징을 고려하여 조경계획도를 작성하시오.

2) 포장지역을 제외한 곳에는 가능한 식재를 하시오. (단, 녹지공간은 빗금 친 부분이다.)

3) 포장지역은 "소형고압블록, 콘크리트, 고무칩, 투수콘크리트" 등 적당한 위치에 적합한 포장재를 선택하여 표시하고, 포장명을 반드시 기입하시오.

4) "가" 지역은 수경공간으로 최대 높이 1m의 벽천이 위치하고, 벽천 앞의 수(水) 공간은 깊이 60cm로 설계하시오.

5) "나" 지역은 놀이공간으로 계획하고, 그 안에 어린이 놀이시설물 3종류를 배치하시오.

6) "다" 지역은 휴식공간으로 이용자들의 편안한 휴식을 위해 파고라(3,500×3,500mm) 1개와 앉아서 휴식을 즐길 수 있도록 등벤치 1개 이상을 계획 설계하시오.

7) "라"는 중심광장으로 각 공간과의 연결과 녹음을 부여하기 위해 수목보호대 4개에 적합한 수종을 식재하시오.

8) 대상지역은 진입구에 계단이 위치해 있으며, 대상지 외곽부지보다 높이 차이가 1m 낮은 것으로 보고 설계하시오.

9) 대상지 내에 식재는 유도식재, 녹음식재, 경관식재, 소나무 군식 등의 식재패턴을 필요한 곳에 배식하시오.

10) 수목은 아래에 주어진 수종 중에서 10가지를 선정하여 골고루 안정적인 배식이 될 수 있도록 계획하며, 인출선을 이용하여 수량, 수종명칭, 규격을 반드시 표기하시오.

> **소나무**(H4.0×W2.0), **소나무**(H3.0×W1.5), **소나무**(H2.5×W1.2), **스트로브잣나무**(H2.5×W1.2), **스트로브잣나무**(H2.0×W1.0), **왕벚나무**(H4.5×B15), **버즘나무**(H3.5×B8), **느티나무**(H3.0×R6), **청단풍**(H2.5×R8), **다정큼나무**(H1.0×W0.6), **동백나무**(H2.5×R8), **중국단풍**(H2.5×R5), **굴거리나무**(H2.5×W0.6), **자귀나무**(H2.5×R6), **태산목**(H1.5×W0.5), **먼나무**(H2.0×R5), **산딸나무**(H2.5×R5), **산수유**(H2.5×R7), **꽃사과**(H2.5×R5), **수수꽃다리**(H1.5×W0.6), **병꽃나무**(H1.0×W0.4), **쥐똥나무**(H1.0×W0.3), **명자나무**(H0.6×W0.4), **산철쭉**(H0.3×W0.4), **자산홍**(H0.3×W0.3), **조릿대**(H0.6×7가지)

11) B-B' 단면도는 경사, 포장재료, 경계선 및 기타 시설물의 기초, 주변의 수목, 중요시설물, 이용자 등을 단면도상에 반드시 표기하시오.

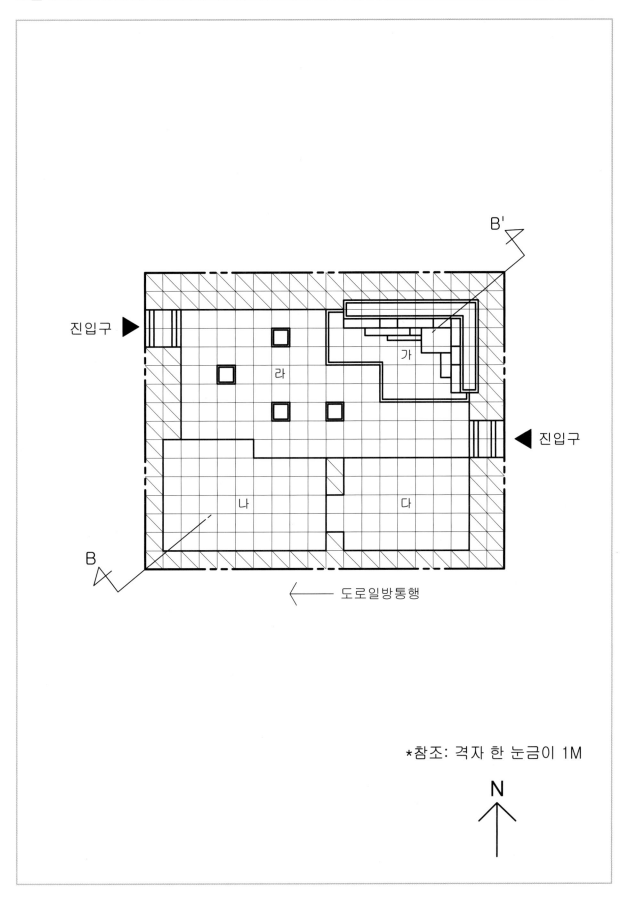

진입구 ▶

B'

가

라

▶ 진입구

나

다

B

← 도로일방통행

*참조: 격자 한 눈금이 1M

N

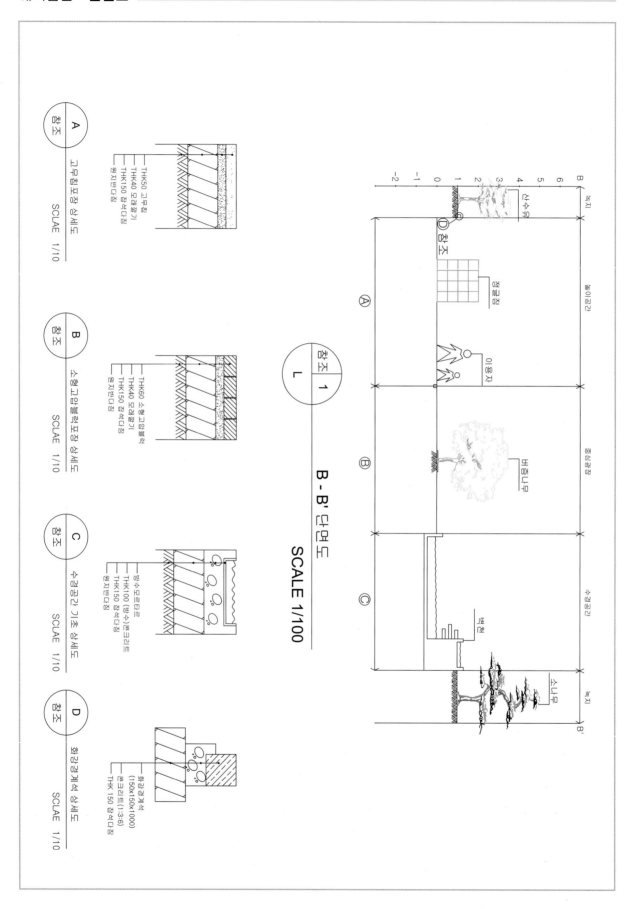

B - B' 단면도

SCALE 1/100

참조 L

참조 A
고무칩포장 상세도
SCALE 1/10
THK50 고무칩
THK40 모래깔기
THK150 잡석다짐
원지반다짐

참조 B
소형고일블록포장 상세도
SCALE 1/10
THK60 소형고일블록
THK40 모래깔기
THK150 잡석다짐
원지반다짐

참조 C
수경공간 기초 상세도
SCALE 1/10
방수모르타르
THK100 (방수)콘크리트
THK150 잡석다짐
원지반다짐

참조 D
환경경계석 상세도
SCALE 1/10
환경경계석
(150x150x1000)
콘크리트(1:3:6)
THK 150 잡석다짐

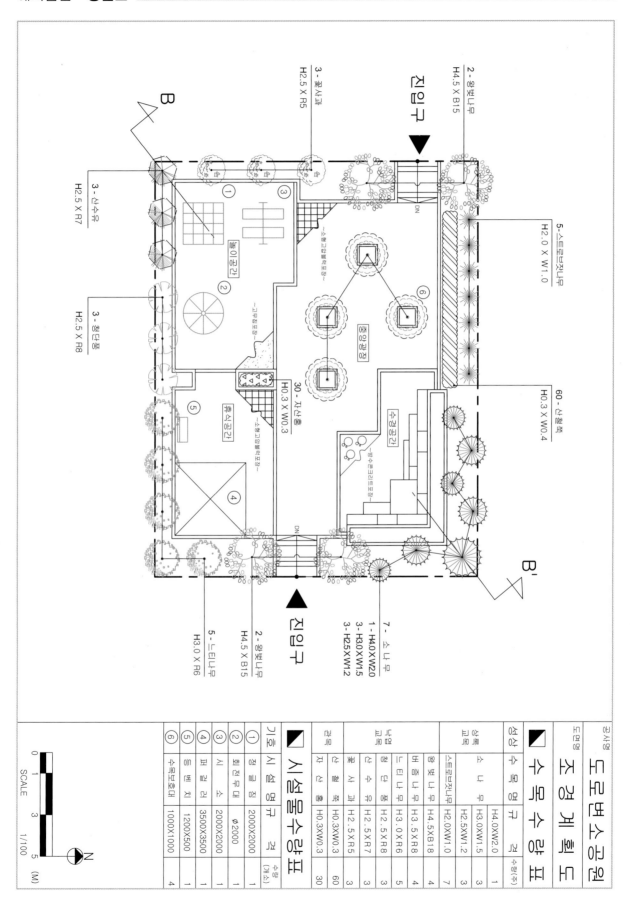

3 **도로변소공원[마운딩]**

설계문제

우리나라 중부지역에 위치한 도로변의 빈 공간에 대한 조경설계를 하고자 한다. 주어진 현황도 및 아래 사항을 참조하여 설계조건에 따라 조경계획도를 작성하시오. (단, 이점쇄선 안 부분이 조경설계 대상지임)

요구사항

1) 식재 평면도를 위주로 한 조경계획도를 축척 1/100로 작성하시오. (지급용지 1)

2) 도면 오른쪽 위에 작업명칭을 작성하시오.

3) 도면 오른쪽에는 "중요시설물 수량표와 수목(식재)수량표"를 작성하고, 수량표 아래쪽에 "방위표시와 막대축척"을 그려 넣으시오. (단, 전체 대상지의 길이를 고려하여 범례표의 폭을 조정할 수 있다.)

4) 도면의 전체적인 안정감을 위하여 "테두리선"을 넣으시오.

5) B-B' 단면도를 축척 1/100로 작성하시오. (지급용지 2)

설계조건

1) 해당 지역은 도로변의 자투리 공간을 이용하여 휴식 및 어린이들이 즐길 수 있는 도로변소공원으로, 공원의 특징을 고려하여 조경계획도를 작성하시오.

2) 포장지역을 제외한 곳에는 모두 식재를 하시오.(단, 녹지공간은 빗금 친 부분이며, 경사의 차이가 발생하는 곳은 식수대(plant box)로 처리되어 있으며 분위기를 고려하여 식재를 실시하시오.)

3) 포장지역은 "소형고압블록, 콘크리트, 고무칩, 마사토, 투수콘크리트" 등 적당한 재료를 선택하여 재료의 사용이 적합한 장소에 기호로 표현하고, 포장명을 반드시 기입하시오.

4) "가" 지역은 놀이공간으로 계획하고, 그 안에 어린이 놀이시설 3종을 배치하시오.

5) "다" 지역은 휴식공간으로 이용자들의 편안한 휴식을 위해 파고라(3,500×5,000mm) 1개와 앉아서 휴식을 즐길 수 있도록 등벤치를 계획 설계하시오.

6) "라" 지역은 주차공간으로 소형자동차(3,000×5,000mm) 2대가 주차할 수 있는 공간으로 계획하고 설계하시오.

7) "나" 지역은 동적인 휴식공간으로 평벤치 2개를 설치하고, 수목보호대(3개)에 동일한 수종의 낙엽교목을 식재하시오.

8) "마" 지역은 등고선 1개당 20cm가 높으며, 전체적으로 "나" 지역에 비해 60cm가 높은 녹지지역으로 경관식재를 실시하시오. 아울러 반드시 크기가 다른 소나무를 3종 식재하고, 계절성을 느낄 수 있게 다른 수목을 조화롭게 배치하시오.

9) "다" 지역은 "가", "나", "라" 지역보다 1m 높은 지역으로 계획하시오.

10) 대상지 내에는 유도식재, 녹음식재, 경관식재, 소나무 군식 등의 식재 패턴을 필요한 곳에 배식하고, 필요에 따라 수목보호대를 추가로 설치하여 포장 내에 식재를 하시오.

11) 수목은 아래에 주어진 수종 중에서 종류가 다른 10가지를 반드시 선정하여 골고루 안정적인 배식이 될 수 있도록 계획하고, 인출선을 이용하여 수량, 수종명칭, 규격을 반드시 표시하시오.

> 소나무(H4.0×W2.0), 소나무(H3.0×W1.5), 소나무(H2.5×W1.2), 스트로브잣나무(H2.5×W1.2), 스트로브잣나무(H2.0×W1.0), 왕벚나무(H4.5×B15), 버즘나무(H3.5×B8), 느티나무(H3.0×R6), 청단풍(H2.5×R8), 다정큼나무(H1.0×W0.6), 동백나무(H2.5×R8), 중국단풍(H2.5×R5), 굴거리나무(H2.5×W0.6), 자귀나무(H2.5×R6), 태산목(H1.5×W0.5), 먼나무(H2.0×R5), 산딸나무(H2.5×R5), 산수유(H2.5×R7), 꽃사과(H2.5×R5), 수수꽃다리(H1.5×W0.6), 병꽃나무(H1.0×W0.4), 쥐똥나무(H1.0×W0.3), 명자나무(H0.6×W0.4), 산철쭉(H0.3×W0.4), 자산홍(H0.3×W0.3), 조릿대(H0.6×7가지)

12) B-B' 단면도는 경사, 포장재료, 경계선 및 기타 시설물의 기초, 주변의 수목, 중요시설물, 이용자 등을 단면도상에 반드시 표기하고, 높이 차를 한눈에 볼 수 있도록 설계하시오.

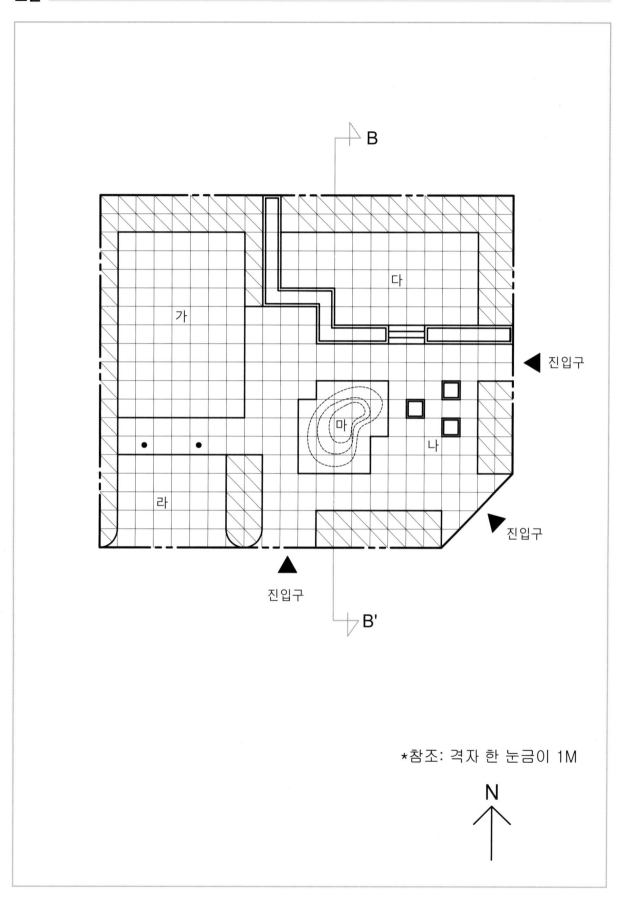

B

다

가

진입구

마

나

진입구

라

진입구

B'

*참조: 격자 한 눈금이 1M

N

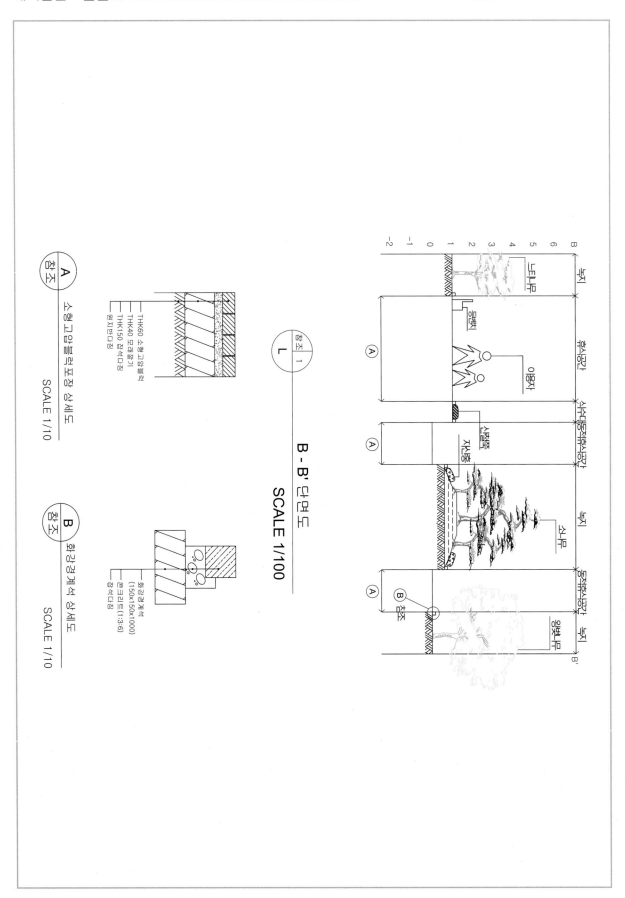

B - B' 단면도

SCALE 1/100

참조
1
L

참조
A

소형고압블럭포장 상세도
SCALE 1/10

THK60 소형고압블럭
THK40 모래깔기
THK150 잡석다짐
원지반다짐

참조
B

화강경계석 상세도
SCALE 1/10

화강경계석
(150x150x1000)
콘크리트(1:3:6)
잡석다짐

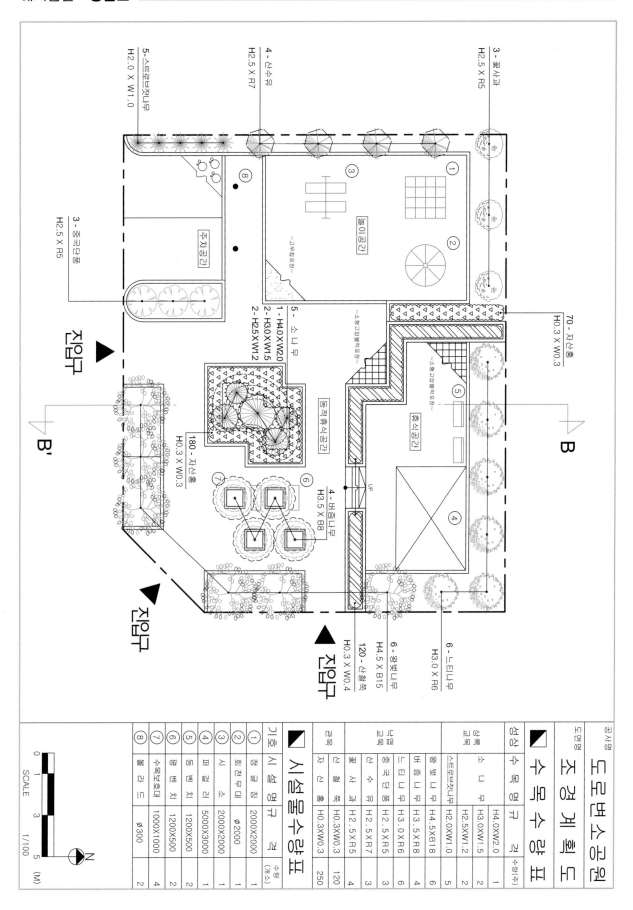

공사명		**조경계획도**		
도면명		**도로변소공원**		

수목수량표

성상		수목명	규격	수량(주)
교목		소나무	H4.0XW2.0	1
			H3.0XW1.5	2
			H2.5XW1.2	1
		스트로브잣나무	H2.0XW1.0	5
		왕벚나무	H4.5XB18	6
		버즘나무	H3.5XB8	4
		느티나무	H3.0XR6	3
		산수유	H2.5XR7	2
		꽃사과	H2.5XR5	3
관목		자산홍	H0.3XW0.3	250
		철쭉	H0.3XW0.3	120

시설물수량표

기호		시설명	규격	수량(개소)
①		정글짐	2000X2000	1
②		회전무대	Ø2000	1
③		시소	2000X2000	1
④		퍼걸러	5000X3000	1
⑤		이변치	1200X500	2
⑥		일변치	1200X500	2
⑦		수목보호대	1000X1000	4
⑧		볼라드	Ø300	2

SCALE 1/100

0 1 3 5 (M)

N

4 도로변소공원[분천식벽천]

우리나라 중부지역에 위치한 도로변의 빈 공간에 대한 조경설계를 하고자 한다. 주어진 도면을 참조하여 요구사항 및 조건들에 합당한 조경계획도 및 단면도를 작성하시오.

요구사항

1) 식재 평면도를 위주로 한 조경계획도를 축척 1/100로 작성하시오. (지급용지 1)

2) 도면 오른쪽 위에 작업명칭을 작성하시오.

3) 도면 오른쪽에는 "중요시설물 수량표와 수목(식재)수량표"를 작성하고, 수량표 아래쪽에 "방위표시와 막대축척"을 그려 넣으시오. (단, 전체 대상지의 길이를 고려하여 범례표의 폭을 조정할 수 있다.)

4) 도면의 전체적은 안정감을 위하여 "테두리선"을 넣으시오.

5) B-B' 단면도를 축척 1/100로 작성하시오. (지급용지 2)

설계조건

1) 해당 지역은 도로변의 자투리 공간을 이용하여 휴식 및 어린이들이 즐길 수 있는 도로변소 공원으로, 공원의 특징을 고려하여 조경계획도를 작성하시오.

2) 포장지역을 제외한 곳에는 모두 식재를 하시오. (단, 녹지공간은 빗금 친 부분이며, 분위기를 고려하여 식재하시오.)

3) 포장지역은 "소형고압블록, 콘크리트, 고무칩, 투수콘크리트" 등 적당한 포장재료를 선택하여 재료의 사용이 적합한 장소에 기호로 표현하고 포장명칭을 반드시 기입하시오.

4) "가" 지역은 주변공간보다 1m 높은 놀이공간으로 계획하고, 그 안에 어린이 놀이시설물 (시소, 철봉, 정글짐)을 배치하시오.

5) "나" 지역은 휴식공간으로 이용자들의 편안한 휴식을 위해 파고라(3,500×3,500mm) 1개와 앉아서 휴식을 즐길 수 있도록 등벤치 2개 이상을 계획하고, 수목보호대 3개에는 낙엽교목을 동일하게 식재하시오.

6) "다" 벽천 연못공간으로 가이드는 60cm 높게 마감되어 있으며, 연못 바닥의 표고는 "0"이며, 계단식 계류형으로 30cm씩 높게 처리하시오.

7) "라" 지역은 주차공간으로 소형자동차(2,500×5,000mm) 2대가 주차할 수 있는 공간으로 계획하고 설계하시오.

8) 대상지 내에는 유도식재, 녹음식재, 경관식재, 소나무 군식 등의 식재 패턴을 필요한 곳에 배식하고, 필요에 따라 수목보호대를 추가로 설치하여 포장 내에 식재를 하시오.

9) 수목은 아래에 주어진 수종 중에서 종류가 다른 10가지를 반드시 선정하여 골고루 안정적인 배식이 될 수 있도록 계획하고, 인출선을 이용하여 수량, 수종명칭, 규격을 반드시 표시하시오.

소나무(H4.0×W2.0), 소나무(H3.0×W1.5), 소나무(H2.5×W1.2), 스트로브잣나무(H2.5×W1.2), 스트로브잣나무(H2.0×W1.0), 왕벚나무(H4.5×B15), 버즘나무(H3.5×B8), 느티나무(H3.0×R6), 청단풍(H2.5×R8), 다정큼나무(H1.0×W0.6), 동백나무(H2.5×R8), 중국단풍(H2.5×R5), 굴거리나무(H2.5×W0.6), 자귀나무(H2.5×R6), 태산목(H1.5×W0.5), 먼나무(H2.0×R5), 산딸나무(H2.5×R5), 산수유(H2.5×R7), 꽃사과(H2.5×R5), 수수꽃다리(H1.5×W0.6), 병꽃나무(H1.0×W0.4), 쥐똥나무(H1.0×W0.3), 명자나무(H0.6×W0.4), 산철쭉(H0.3×W0.4), 자산홍(H0.3×W0.3), 조릿대(H0.6×7가지)

10) B-B' 단면도는 경사, 포장재료, 경계선 및 기타 시설물의 기초, 주변의 수목, 중요시설물, 이용자 등을 단면도상에 반드시 표기하고, 높이 차를 한눈에 볼 수 있도록 설계하시오.

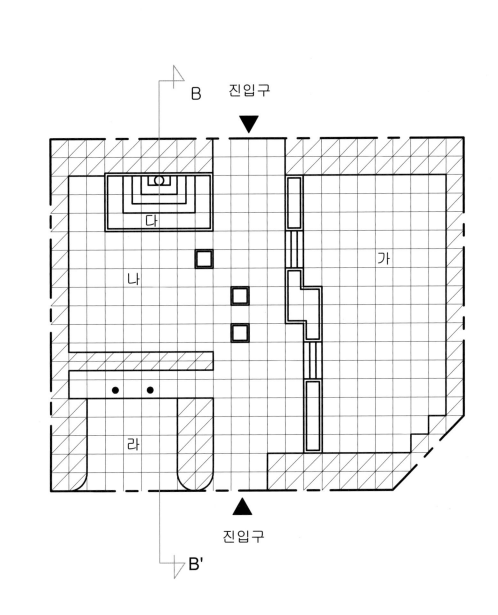

B 　진입구

다

나

가

라

B'

*참조: 격자 한 눈금이 1M

N

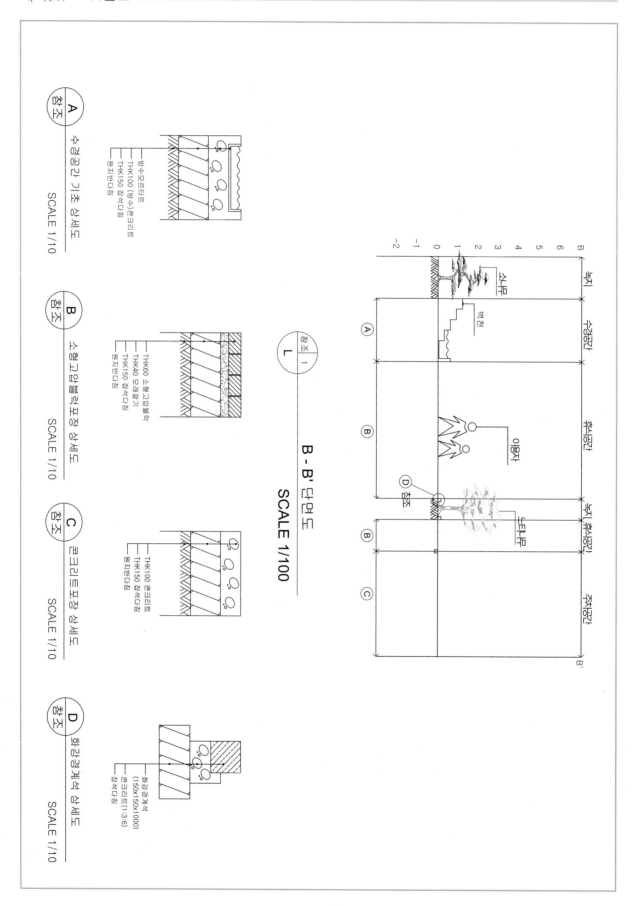

참조 A 참조
수경공간 기초 상세도
SCALE 1/10

방수모르타르
THK100 (방수)콘크리트
THK150 잡석다짐
원지반다짐

참조 B 참조
소형고압블럭포장 상세도
SCALE 1/10

THK60 소형고압블럭
THK40 모래깔기
THK150 잡석다짐
원지반다짐

참조 L 참조
B - B' 단면도
SCALE 1/100

녹지   수경공간   휴식공간   녹지 휴식공간   주차공간

-2
-1
0
1
2
3
4
5
6
B

산책로
벽천
이용자
참조 D 참조
녹나무

참조 C 참조
콘크리트포장 상세도
SCALE 1/10

THK100 콘크리트
THK150 잡석다짐
원지반다짐

참조 D 참조
화강경계석 상세도
SCALE 1/10

화강경계석
(150x150x1000)
콘크리트(1:3:6)
잡석다짐

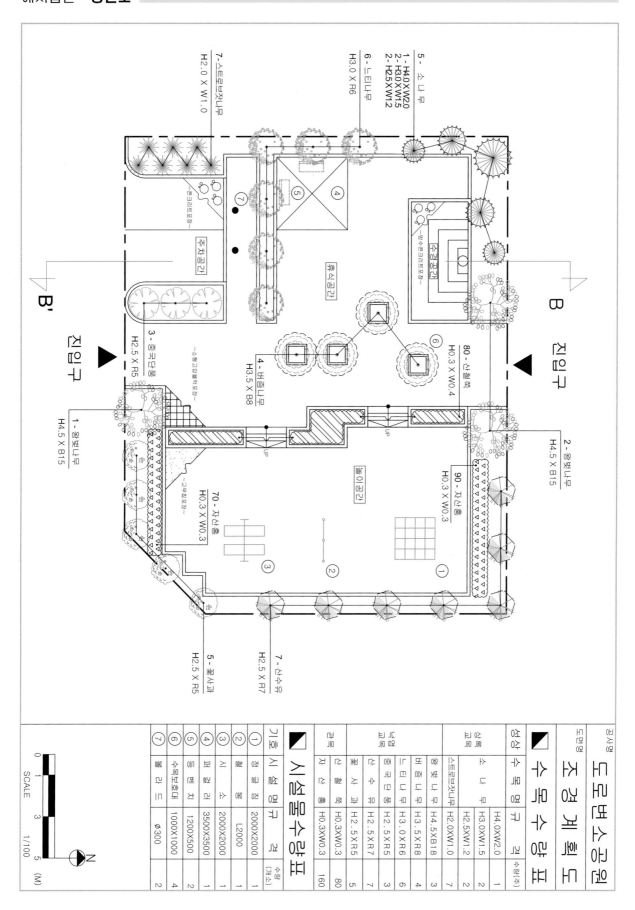

5 도로변소공원[계류수공간]

설계문제

우리나라 중부지역에 위치한 도로변의 빈 공간에 대한 조경설계를 하고자 한다. 주어진 도면을 참조하여 요구사항 및 조건들에 합당한 조경계획도 및 단면도를 작성하시오.

요구사항

1) 식재 평면도를 위주로 한 조경계획도를 축척 1/100로 작성하시오. (지급용지 1)

2) 도면 오른쪽 위에 작업명칭을 작성하시오.

3) 도면 오른쪽에는 "중요시설물 수량표와 수목(식재)수량표"를 작성하고, 수량표 아래쪽에 "방위표시와 막대축척"을 그려 넣으시오. (단, 전체 대상지의 길이를 고려하여 범례표의 폭을 조정할 수 있다.)

4) 도면의 전체적인 안정감을 위하여 "테두리선"을 넣으시오.

5) B-B' 단면도를 축척 1/100로 작성하시오. (지급용지 2)

설계조건

1) 해당 지역은 도로변의 자투리 공간을 이용하여 휴식 및 어린이들이 즐길 수 있는 도로변소 공원으로, 공원의 특징을 고려하여 조경계획도를 작성하시오.

2) 포장지역을 제외한 곳에는 모두 식재를 하시오. (단, 녹지공간은 빗금 친 부분이며, 분위기를 고려하여 식재하시오.)

3) 포장지역은 "소형고압블록, 콘크리트, 고무칩, 투수콘크리트" 등 적당한 포장재료를 선택하여 재료의 사용이 적합한 장소에 기호로 표현하고 포장명칭을 반드시 기입하시오.

4) "가" 지역은 휴식공간으로 이용자들의 편안한 휴식을 위해 파고라(6,000×3,500) 1개와 앉아서 휴식을 즐길 수 있도록 등벤치 1개 이상을 계획한다.

5) "나" 지역은 놀이공간으로 계획하고, 그 안에 어린이 놀이시설물 3개를 아래와 같은 규격으로 작성하시오. (미끄럼틀 H2,700×L4,200×W2,200mm, 4단철봉 H2,200×L4,000mm, 회전무대 H1,100×W2,200mm 배치하시오.)

6) "다" 계류수경공간으로, 3단으로 단차가 있고 아래로 흘러내리며, 주변부는 물이 차오르지 않도록 옹벽처리되어 있다. 연못 바닥의 깊이는 60cm 낮으며, 계단식 계류형의 물을 받는다.

7) "라" 지역은 수변주변공간으로 수목보호대 3개에는 낙엽교목을 동일하게 식재하시오.

8) 마-1은 진입부로 필요 시, 수목보호대를 추가 설치하여 포장 내에 식재를 할 수 있다.

9) 마-2는 산책 원로공간으로 주변부보다 1m 높으며, 등벤치 2개, 휴지통 1개를 계획하시오.

10) 대상지 내에는 유도식재, 녹음식재, 경관식재, 소나무 군식 등의 식재패턴을 필요한 곳에 배식하시오.

11) 수목은 아래에 주어진 수종 중에서 종류가 다른 10가지를 반드시 선정하여 골고루 안정적인 배식이 될 수 있도록 계획하고, 인출선을 이용하여 수량, 수종명칭, 규격을 반드시 표시하시오.

소나무(H4.0×W2.0), 소나무(H3.0×W1.5), 소나무(H2.5×W1.2), 스트로브잣나무(H2.5×W1.2), 스트로브잣나무(H2.0×W1.0), 왕벚나무(H4.5×B15), 버즘나무(H3.5×B8), 느티나무(H3.0×R6), 청단풍(H2.5×R8), 다정큼나무(H1.0×W0.6), 동백나무(H2.5×R8), 중국단풍(H2.5×R5), 굴거리나무(H2.5×W0.6), 자귀나무(H2.5×R6), 태산목(H1.5×W0.5), 먼나무(H2.0×R5), 산딸나무(H2.5×R5), 산수유(H2.5×R7), 꽃사과(H2.5×R5), 수수꽃다리(H1.5×W0.6), 병꽃나무(H1.0×W0.4), 쥐똥나무(H1.0×W0.3), 명자나무(H0.6×W0.4), 산철쭉(H0.3×W0.4), 자산홍(H0.3×W0.3), 조릿대(H0.6×7가지)

12) B-B' 단면도는 경사, 포장재료, 경계선 및 기타 시설물의 기초, 주변의 수목, 중요시설물, 이용자 등을 단면도상에 반드시 표기하고, 높이 차를 한눈에 볼 수 있도록 설계하시오.

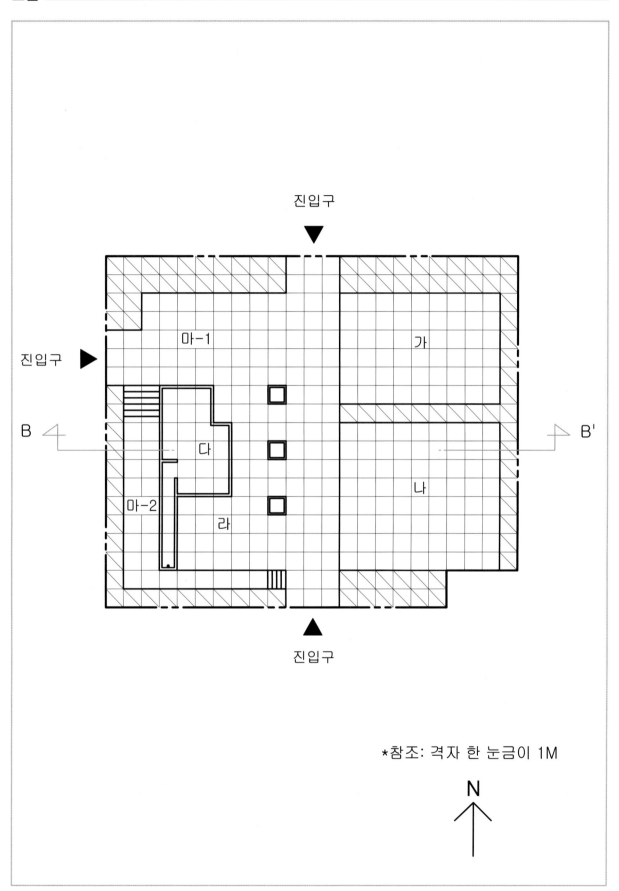

진입구

진입구 ▶

마-1

가

B

다

B'

마-2

나

라

진입구

*참조: 격자 한 눈금이 1M

N

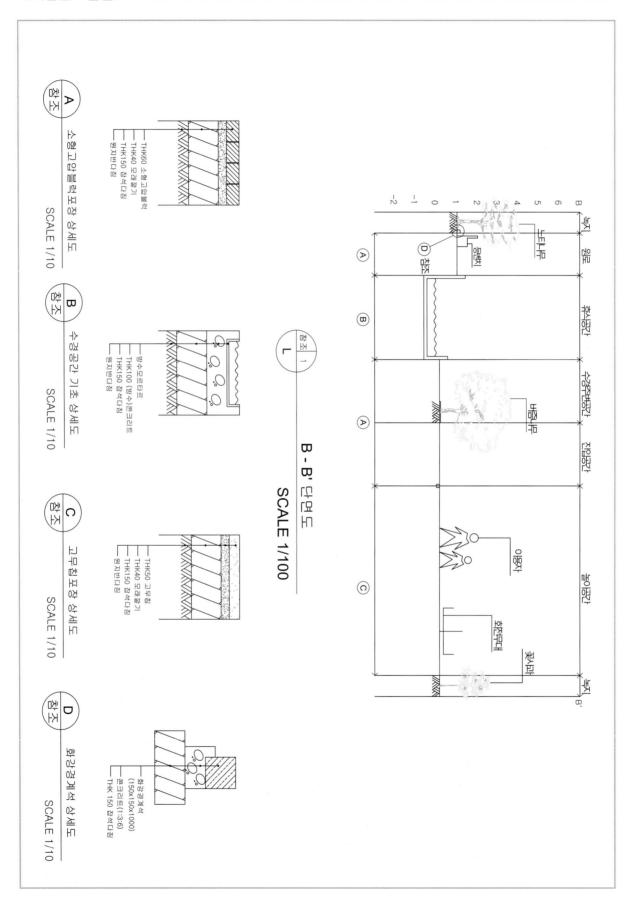

A 참조
소형고압블럭포장 상세도
SCALE 1/10

THK60 소형고압블럭
THK40 모래깔기
THK150 잡석다짐
원지반다짐

B 참조
수경공간 기초 상세도
SCALE 1/10

방수모르타르
THK100 (방수)콘크리트
THK150 잡석다짐
원지반다짐

C 참조
고무칩포장 상세도
SCALE 1/10

THK50 고무칩
THK40 모래깔기
THK150 잡석다짐
원지반다짐

D 참조
화강경계석 상세도
SCALE 1/10

화강경계석
(150x150x1000)
콘크리트(1:3:6)
THK150 잡석다짐

B - B' 단면도
SCALE 1/100

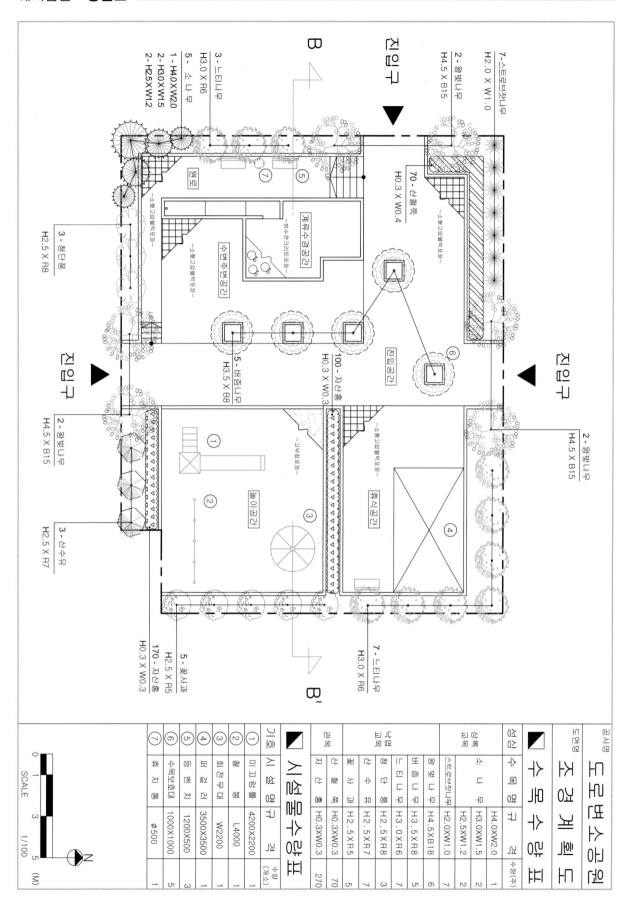

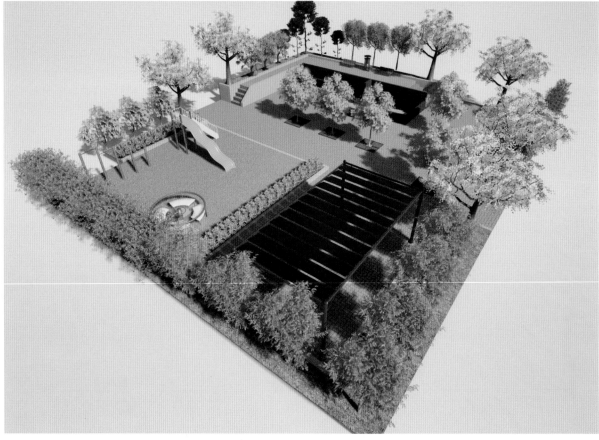

6 도로변소공원[미로공원]

설계문제

우리나라 중부지역에 위치한 도로변의 빈 공간에 대한 조경설계를 하고자 한다. 주어진 도면을 참조하여 요구사항 및 조건들에 합당한 조경계획도 및 단면도를 작성하시오.

요구사항

1) 식재 평면도를 위주로 한 조경계획도를 축척 1/100로 작성하시오. (지급용지 1)

2) 도면 오른쪽 위에 작업명칭을 작성하시오.

3) 도면 오른쪽에는 "중요시설물 수량표와 수목(식재)수량표"를 작성하고, 수량표 아래쪽에 "방위표시와 막대축척"을 그려 넣으시오. (단, 전체 대상지의 길이를 고려하여 범례표의 폭을 조정할 수 있다.)

4) 도면의 전체적인 안정감을 위하여 "테두리선"을 넣으시오.

5) B-B' 단면도를 축척 1/100로 작성하시오. (지급용지 2)

설계조건

1) 해당 지역은 도로변의 자투리 공간을 이용하여 휴식 및 어린이들이 즐길 수 있는 도로변소공원으로, 공원의 특징을 고려하여 조경계획도를 작성하시오.

2) 포장지역을 제외한 곳에는 모두 식재를 하시오. (단, 녹지공간은 빗금친 부분은 분위기를 고려하여 식재하시오.)

3) 포장지역은 "점토벽돌, 화강석블럭포장, 콘크리트, 고무칩, 마사토, 투수콘크리트" 등 적당한 재료를 선택하여 재료의 사용이 적합한 장소에 기호로 표현하고 포장명칭을 반드시 기입하시오.

4) "가" 지역은 "나", "다", "라" 지역에 비해 1m가 높은 놀이 공간으로 2연식 시소, 회전무대, 3단철봉, 정글짐 등 3가지 이상의 시설물로 계획하고 설계하시오.

5) "나" 지역은 정적인 휴식공간으로 이용자들의 편안한 휴식을 위해 파고라(3,000×5,000mm) 1개소를 설치하시오.

6) "다" 지역은 미로공간으로 담장의 소재와 폭은 자유롭게 하며, 높이는 대략 1m 정도 되게 설계 계획하시오.

7) "라" 지역은 대상지 내에 보행자 통행에 지장을 주지 않는 곳에 2인용 평상형 벤치(1,200×500mm) 3개(단, 파고라 안에 설치된 벤치는 제외), 휴지통 3개소를 설치하시오.

8) 대상지 내에는 유도식재, 녹음식재, 경관식재, 소나무 군식 등의 식재패턴을 필요한 곳에 배식하시오.

9) 수목은 아래에 주어진 수종 중에서 종류가 다른 10가지를 반드시 선정하여 골고루 안정적인 배식이 될 수 있도록 계획하고, 인출선을 이용하여 수량, 수종명칭, 규격을 반드시 표시하시오.

소나무(H4.0×W2.0), 소나무(H3.0×W1.5), 소나무(H2.5×W1.2), 스트로브잣나무(H2.5×W1.2), 스트로브잣나무(H2.0×W1.0), 왕벚나무(H4.5×B15), 버즘나무(H3.5×B8), 느티나무(H3.0×R6), 청단풍(H2.5×R8), 다정큼나무(H1.0×W0.6), 동백나무(H2.5×R8), 중국단풍(H2.5×R5), 굴거리나무(H2.5×W0.6), 자귀나무(H2.5×R6), 태산목(H1.5×W0.5), 먼나무(H2.0×R5), 산딸나무(H2.5×R5), 산수유(H2.5×R7), 꽃사과(H2.5×R5), 수수꽃다리(H1.5×W0.6), 병꽃나무(H1.0×W0.4), 쥐똥나무(H1.0×W0.3), 명자나무(H0.6×W0.4), 산철쭉(H0.3×W0.4), 자산홍(H0.3×W0.3), 조릿대(H0.6×7가지)

---

10) B-B' 단면도는 경사, 포장재료, 경계선 및 기타 시설물의 기초, 주변의 수목, 중요시설물, 이용자 등을 단면도상에 반드시 표기하고, 높이 차를 한눈에 볼 수 있도록 설계하시오.

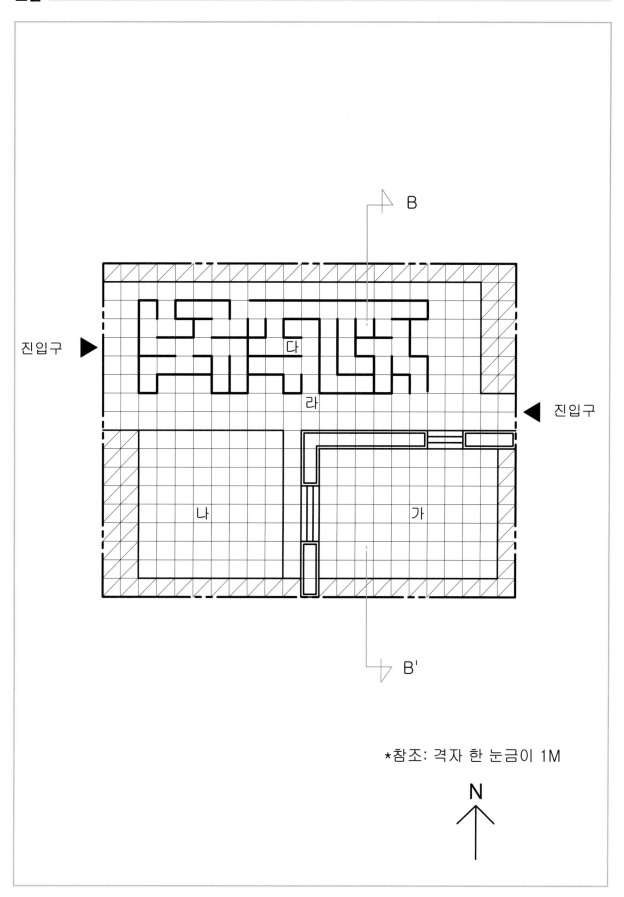

진입구 ▶

B

다

라

▶ 진입구

나

가

B'

*참조: 격자 한 눈금이 1M

N

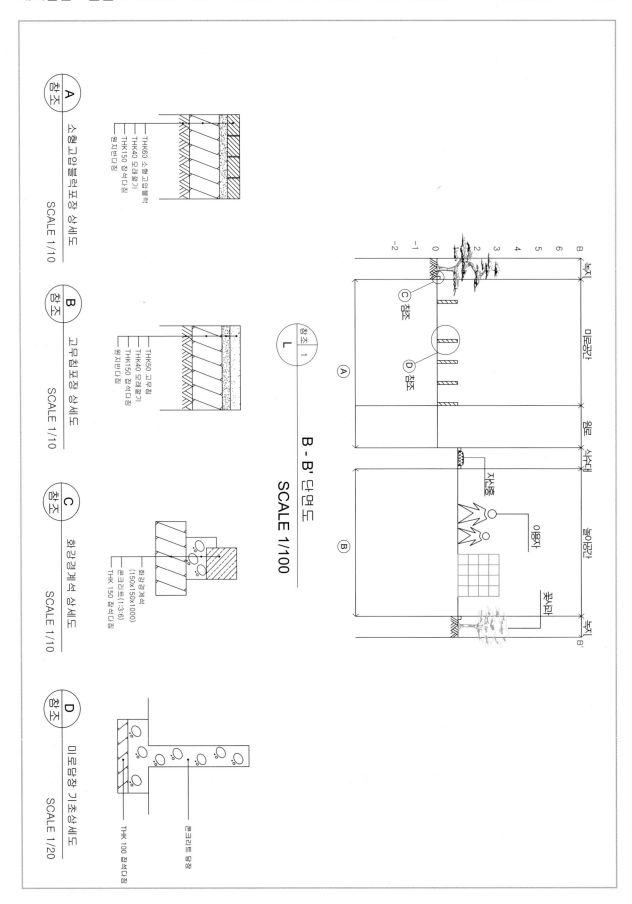

B - B' 단면도

SCALE 1/100

참조 1 L

A 참조 — 소형고압블럭포장 상세도 — SCALE 1/10
- THK60 소형고압블럭
- THK40 모래깔기
- THK150 잡석다짐
- 원지반다짐

B 참조 — 고무칩포장 상세도 — SCALE 1/10
- THK50 고무칩
- THK40 모래깔기
- THK150 잡석다짐
- 원지반다짐

C 참조 — 화강경계석 상세도 — SCALE 1/10
- 화강경계석 (150x150x1000)
- 콘크리트(1:3:6)
- THK 150 잡석다짐

D 참조 — 미로담장 기초상세도 — SCALE 1/20
- 콘크리트 담장
- THK 100 잡석다짐

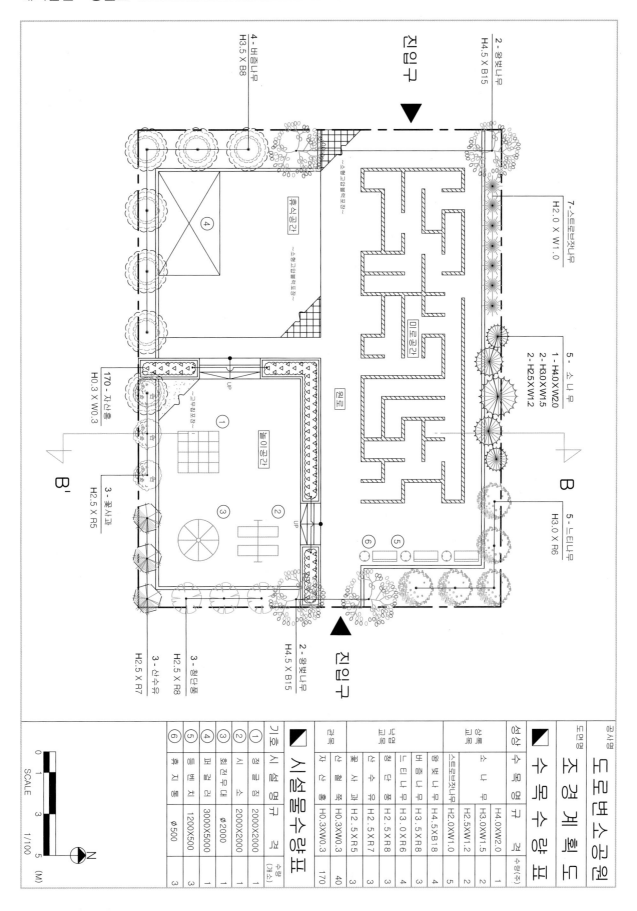

설계문제

우리나라 중부지역에 위치한 도로변의 빈 공간에 대한 조경설계를 하고자 한다. 주어진 도면을 참조하여 요구사항 및 조건들에 합당한 조경계획도 및 단면도를 작성하시오.

요구사항

1) 식재 평면도를 위주로 한 조경계획도를 축척 1/100로 작성하시오. (지급용지 1)
2) 도면 오른쪽 위에 작업명칭을 작성하시오.
3) 도면 오른쪽에는 "중요시설물 수량표와 수목(식재)수량표"를 작성하고, 수량표 아래쪽에 "방위표시와 막대축척"을 그려 넣으시오. (단, 전체 대상지의 길이를 고려하여 범례표의 폭을 조정할 수 있다.)
4) 도면의 전체적인 안정감을 위하여 "테두리선"을 넣으시오.
5) B-B' 단면도를 축척 1/100로 작성하시오. (지급용지 2)

설계조건

1) 해당 지역은 도로변의 자투리 공간을 이용하여 휴식 및 어린이들이 즐길 수 있는 도로변소공원으로, 공원의 특징을 고려하여 조경계획도를 작성하시오.
2) 포장지역을 제외한 곳에는 모두 식재를 하시오. (단, 녹지공간은 빗금 친 부분이며, 분위기를 고려하여 식재하시오.)
3) 포장지역은 "점토블럭, 화강석블럭포장, 콘크리트, 고무칩, 마사토, 투수콘크리트 등" 적당한 재료를 선택하여 재료의 사용이 적합한 장소에 기호로 표현하고 포장명칭을 반드시 기입하시오.
4) "가" 지역은 야외무대 공간으로 "나" 지역보다는 60cm 높고, 바닥포장 재료는 공연 시 미끄러짐이 없는 것을 선택하시오. (단, 야외무대의 배경은 가림벽(2.5m)을 설치하시오).
5) "나" 지역은 공연장과 관람석과의 완충 공간으로 공연이 없을 경우 동적인 휴식공간으로 활용하고자 하며, "마" 지역보다 1.0m 낮게 배치하시오.
6) "다" 지역은 놀이 공간으로 "마", "라" 지역보다 1.0m 낮게 계획하고, 그 안에 어린이 놀이 시설물 3종류(회전무대, 3연식 철봉, 정글짐, 2연식 시소 등)를 배치하시오.
7) "라" 지역은 정적인 휴식공간으로 파고라(3,500×3,500mm) 1개와 등받이형 벤치(1,200×500mm) 2개, 휴지통 1개를 설치하시오.
8) "마" 지역은 보행공간으로 각각의 공간을 연계할 수 있으며, 공간별 높이 차이는 식수대(plant box)로 처리하였으며, 주 진입구에는 동일한 수종을 3주 식재하며, 적합한 장소를 선택하여 평상형 벤치와 휴지통을 추가로 설치하시오.

9) 대상지 내에는 유도식재, 녹음식재, 경관식재, 소나무 군식 등의 식재패턴을 필요한 곳에 배식하고, 3개의 수목보호대에는 녹음식재를 실시하고, 필요에 따라 수목보호대를 추가로 설치하여 포장 내에 식재를 하시오.

10) 수목은 아래에 주어진 수종 중에서 종류가 다른 10가지를 반드시 선정하여 골고루 안정적인 배식이 될 수 있도록 계획하고, 인출선을 이용하여 수량, 수종명칭, 규격을 반드시 표시하시오.

> **소나무**(H4.0×W2.0), **소나무**(H3.0×W1.5), **소나무**(H2.5×W1.2), **스트로브잣나무**(H2.5×W1.2), **스트로브잣나무**(H2.0×W1.0), **왕벚나무**(H4.5×B15), **버즘나무**(H3.5×B8), **느티나무**(H3.0×R6), **은행나무**(H3.5×B8), **대왕참나무**(H3.5×R18), **청단풍**(H2.5×R8), **중국단풍**(H2.5×R5), **살구나무**(H2.5×R5), **다정큼나무**(H1.0×W0.6), **동백나무**(H2.5×R8), **자귀나무**(H2.5×R6), **굴거리나무**(H2.5×W0.6), **태산목**(H1.5×W0.5), **먼나무**(H2.0×R5), **산딸나무**(H2.5×R5), **산수유**(H2.5×R7), **꽃사과**(H2.5×R5), **수수꽃다리**(H1.5×W0.6), **병꽃나무**(H1.0×W0.4), **쥐똥나무**(H1.0×W0.3), **명자나무**(H0.6×W0.4), **산철쭉**(H0.3×W0.4), **회양목**(H0.3×W0.4), **자산홍**(H0.3×W0.3), **영산홍**(H0.3×W0.3), **조릿대**(H0.6×7가지), **매화나무**(H2.0×R4), **잔디**(0.3×0.3×0.03)

11) B-B' 단면도는 경사, 포장재료, 경계선 및 기타 시설물의 기초, 주변의 수목, 중요시설물, 이용자 등을 단면도상에 반드시 표기하고, 높이 차를 한눈에 볼 수 있도록 설계하시오.

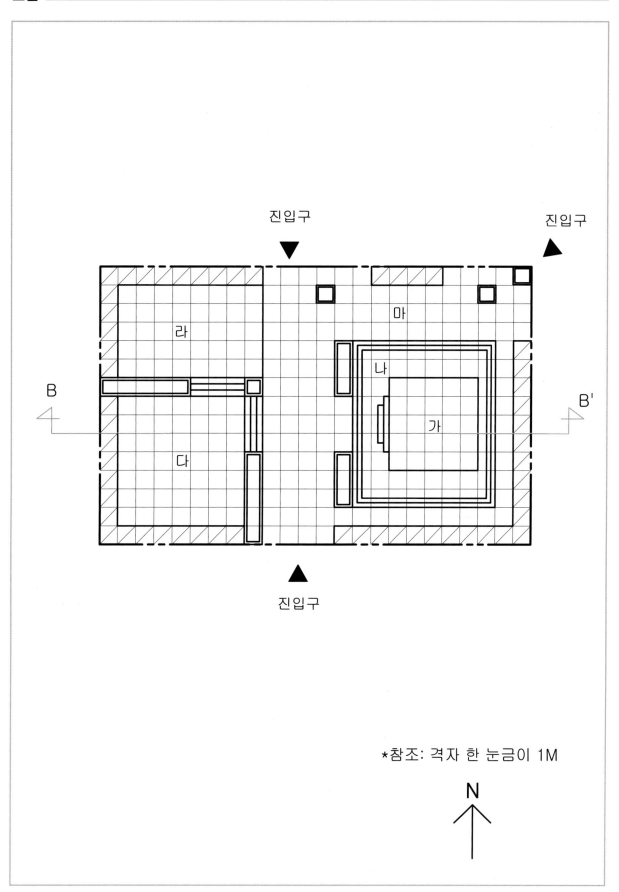

진입구

진입구

진입구

B

B'

라

마

나

다

가

★참조: 격자 한 눈금이 1M

N

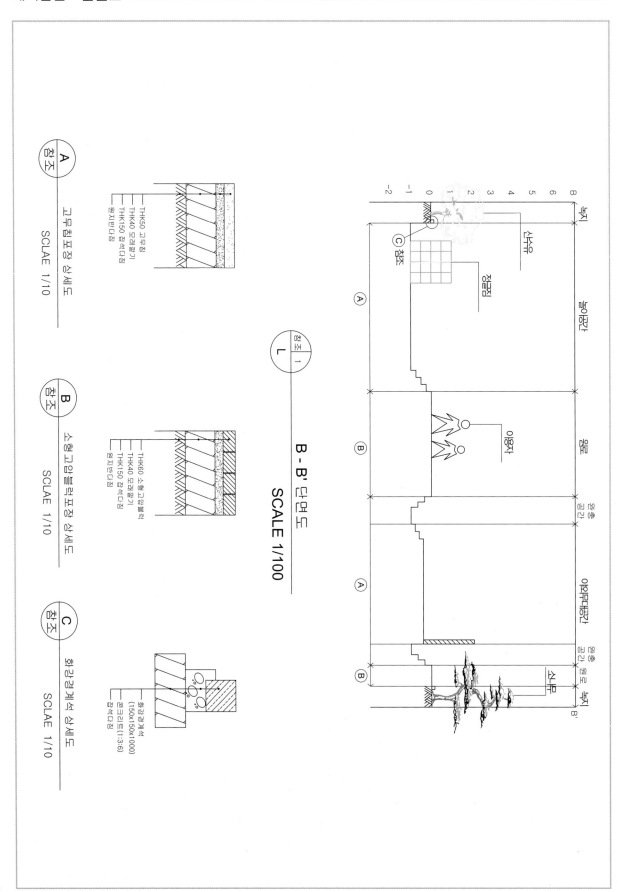

A
참조

고무칩포장 상세도

SCLAE 1/10

THK50 고무칩
THK40 모래깔기
THK150 잡석다짐
원지반다짐

B
참조

소형고압블럭포장 상세도

SCLAE 1/10

THK60 소형고압블럭
THK40 모래깔기
THK150 잡석다짐
원지반다짐

C
참조

화강경계석 상세도

SCLAE 1/10

화강경계석
(150x150x1000)
콘크리트(1:3:6)
잡석다짐

참조
L

B - B' 단면도

SCALE 1/100

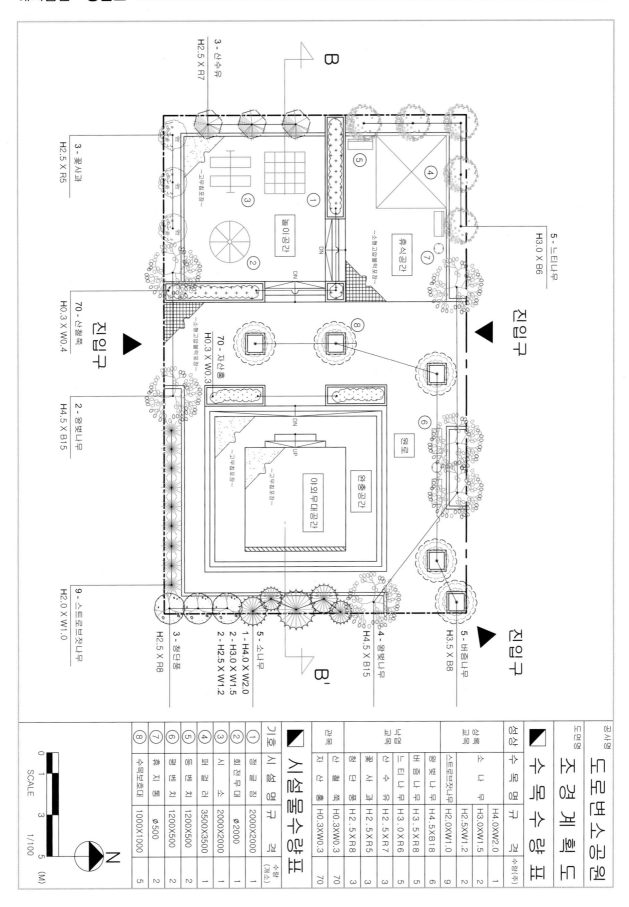

8 도로변소공원[장애우경사로 및 도섭지]

설계문제

우리나라 중부지역에 위치한 도로변의 빈 공간에 대한 조경설계를 하고자 한다. 주어진 도면을 참조하여 요구사항 및 조건들에 합당한 조경계획도 및 단면도를 작성하시오.

✎ 요구사항

1) 식재 평면도를 위주로 한 조경계획도를 축척 1/100로 작성하시오. (지급용지 1)

2) 도면 오른쪽 위에 작업명칭을 작성하시오.

3) 도면 오른쪽에는 "중요시설물 수량표와 수목(식재)수량표"를 작성하고, 수량표 아래쪽에 "방위표시와 막대축척"을 그려 넣으시오. (단, 전체 대상지의 길이를 고려하여 범례표의 폭을 조정할 수 있다.)

4) 도면의 전체적인 안정감을 위하여 "테두리선"을 넣으시오.

5) B-B' 단면도를 축척 1/100로 작성하시오. (지급용지 2)

🏛 설계조건

1) 해당 지역은 도로변의 자투리 공간을 이용하여 휴식 및 어린이들이 즐길 수 있는 도로변소공원으로, 공원의 특징을 고려하여 조경계획도를 작성하시오.

2) 포장지역을 제외한 곳에는 모두 식재를 하시오. (단, 녹지공간은 빗금 친 부분이며, 분위기를 고려하여 식재하시오.)

3) 포장지역은 "점토블럭, 화강석블럭포장, 콘크리트, 고무칩, 마사토, 투수콘크리트 등" 적당한 재료를 선택하여 재료의 사용이 적합한 장소에 기호로 표현하고 포장명칭을 반드시 기입하시오.

4) "가" 지역은 정적인 휴식공간으로 파고라(3,500×3,500mm) 1개와 휴지통 1개를 설치하시오.

5) "나" 지역은 놀이공간으로 그 안에 어린이 놀이 시설물을 3종류를 배치하시오.

6) "다" 지역은 보행공간으로 각각의 공간을 연계할 수 있으며, 적합한 장소를 선택하여 평상형 벤치와 휴지통을 추가로 설치하시오.

7) "라" 지역은 수경공간주변으로 "가", "나", "다" 지역보다는 100cm 낮게 계획하고, 공간별 높이 차이는 식수대(plant box)로 처리하였으며, A는 "장애인 경사로"로 장애인들이 편안히 접근할 수 있도록 하는 보행공간으로 계획하시오.

8) "마" 지역은 P-"정자"가 있는 수경공간으로 이와 연계된 "도섭지"는 주변보다 30cm가 낮게 계획되어 있고, 어린이들이 들어가 놀 수 있는 동적공간으로 계획하시오.

9) 대상지 내에는 유도식재, 녹음식재, 경관식재, 소나무 군식 등의 식재패턴을 필요한 곳에 배식하고, 3개의 수목보호대에는 녹음식재를 실시하고, 필요에 따라 수목보호대를 추가로 설치하여 포장 내에 식재를 하시오.

10) 수목은 아래에 주어진 수종 중에서 종류가 다른 10가지를 반드시 선정하여 골고루 안정적인 배식이 될 수 있도록 계획하고, 인출선을 이용하여 수량, 수종명칭, 규격을 반드시 표시하시오.

소나무(H4.0×W2.0), 소나무(H3.0×W1.5), 소나무(H2.5×W1.2), 스트로브잣나무(H2.5×W1.2), 스트로브잣나무(H2.0×W1.0), 왕벚나무(H4.5×B15), 버즘나무(H3.5×B8), 느티나무(H3.0×R6), 은행나무(H3.5×B8), 대왕참나무(H3.5×R18), 청단풍(H2.5×R8), 중국단풍(H2.5×R5), 살구나무(H2.5×R5), 다정큼나무(H1.0×W0.6), 동백나무(H2.5×R8), 자귀나무(H2.5×R6), 굴거리나무(H2.5×W0.6), 태산목(H1.5×W0.5), 먼나무(H2.0×R5), 산딸나무(H2.5×R5), 산수유(H2.5×R7), 꽃사과(H2.5×R5), 수수꽃다리(H1.5×W0.6), 병꽃나무(H1.0×W0.4), 쥐똥나무(H1.0×W0.3), 명자나무(H0.6×W0.4), 산철쭉(H0.3×W0.4), 회양목(H0.3×W0.4), 자산홍(H0.3×W0.3), 영산홍(H0.3×W0.3), 조릿대(H0.6×7가지), 매화나무(H2.0×R4), 잔디(0.3×0.3×0.03)

11) B-B' 단면도는 경사, 포장재료, 경계선 및 기타 시설물의 기초, 주변의 수목, 중요시설물, 이용자 등을 단면도상에 반드시 표기하고, 높이 차를 한눈에 볼 수 있도록 설계하시오.

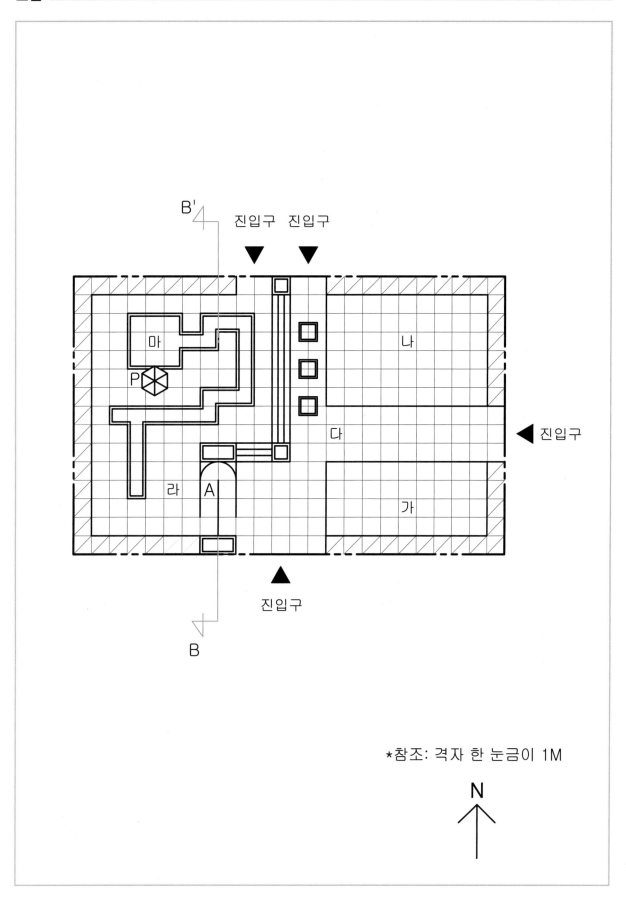

*참조: 격자 한 눈금이 1M

N

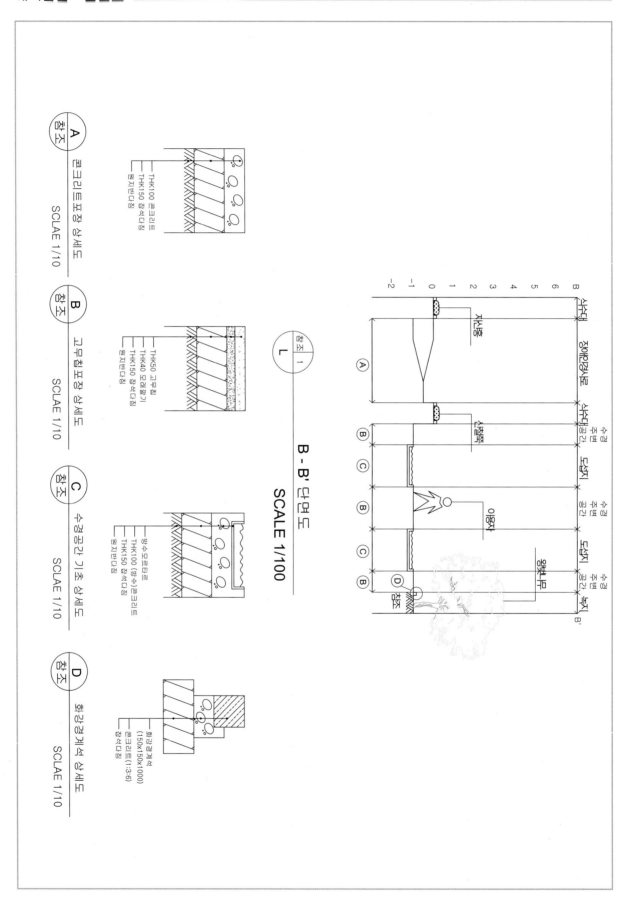

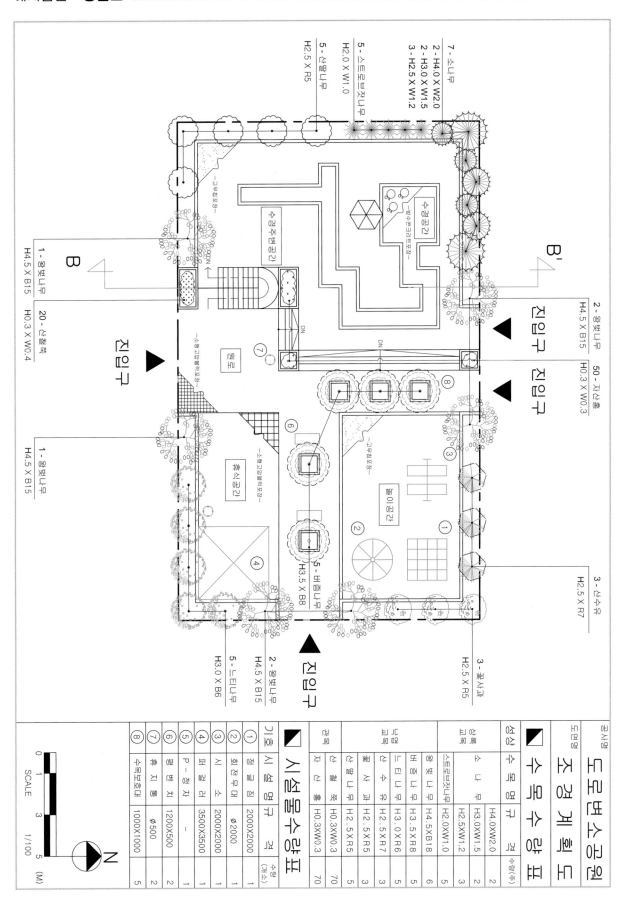

9 **도로변소공원[경사가 높은 계단]**

설계문제

우리나라 중부지역에 위치한 도로변의 빈 공간에 대한 조경설계를 하고자 한다. 주어진 도면을 참조하여 요구사항 및 조건들에 합당한 조경계획도 및 단면도를 작성하시오.

요구사항

1) 식재 평면도를 위주로 한 조경계획도를 축척 1/100로 작성하시오. (지급용지 1)

2) 도면 오른쪽 위에 작업명칭을 작성하시오.

3) 도면 오른쪽에는 "중요시설물 수량표와 수목(식재)수량표"를 작성하고, 수량표 아래쪽에 "방위표시와 막대축척"을 그려 넣으시오. (단, 전체 대상지의 길이를 고려하여 범례표의 폭을 조정할 수 있다.)

4) 도면의 전체적인 안정감을 위하여 "테두리선"을 넣으시오.

5) B-B' 단면도를 축척 1/100로 작성하시오. (지급용지 2)

설계조건

1) 해당 지역은 도로변의 자투리 공간을 이용하여 휴식 및 어린이들이 즐길 수 있는 기념 소공원으로, 공원의 특징을 고려하여 조경계획도를 작성하시오.

2) 포장지역을 제외한 곳에는 모두 식재를 하시오. (단, 녹지공간은 빗금 친 부분이며, 분위기를 고려하여 식재하시오.)

3) 포장지역은 "점토블럭, 화강석블럭포장, 콘크리트, 고무칩, 마사토, 투수콘크리트 등" 적당한 재료를 선택하여 재료의 사용이 적합한 장소에 기호로 표현하고 포장명칭을 반드시 기입하시오.

4) "가" 지역은 주차공간으로(2,500×5,000mm) 설계하시오.

5) "나" 지역은 놀이공간으로 그 안에 어린이 놀이 시설물 3종류를 배치하시오. (정글짐, 회전무대, 시소)

6) "다" 지역은 휴게공간으로 파고라(3,000×4,000mm)와 벤치(1,200×500mm) 2개를 설치하여, 보호자의 놀이공간 관찰이 용이하도록 하시오.

7) "라" 지역은 보행공간으로 각각의 공간을 연계할 수 있으며, 2개의 공간에는 "띠녹지"를 조성하시오. 또한, 적합한 장소를 선택하여 평상형 벤치와 휴지통을 추가로 설치하시오.

8) "마" 진입 공간으로 "초화원"으로 계획하시오.

9) "바" 지역은 기념주변공간으로 주변보다 3m가 높게 계획되어 있으며, 진입계단을 통해 진입한다.

10) "사" 지역은 주변 "바" 지역에 비해 30cm가 높은 기념공간으로, 적당한 곳에 상징조각물 (1,000×1,000mm) 높이 0.8m로 설치하고, 뒷면은 "벽면조경물" 높이 1m로 배경처리 되어 있다.

11) 대상지 내에는 유도식재, 녹음식재, 경관식재, 소나무 군식 등의 식재패턴을 필요한 곳에 배식하고, 수목보호대 3개를 설치하여 포장 내에 녹음수를 식재하시오.

12) 수목은 아래에 주어진 수종 중에서 종류가 다른 12가지를 반드시 선정하여 골고루 안정적인 배식이 될 수 있도록 계획하고, 인출선을 이용하여 수량, 수종명칭, 규격을 반드시 표시하시오.

> 소나무(H4.0×W2.0), 소나무(H3.0×W1.5), 소나무(H2.5×W1.2), 스트로브잣나무(H2.5×W1.2), 스트로브잣나무(H2.0×W1.0), 왕벚나무(H4.5×B15), 버즘나무(H3.5×B8), 느티나무(H3.0×R6), 은행나무(H3.5×B8), 대왕참나무(H3.5×R18), 청단풍(H2.5×R8), 중국단풍(H2.5×R5), 살구나무 (H2.5×R5), 다정큼나무(H1.0×W0.6), 동백나무(H2.5×R8), 자귀나무(H2.5×R6), 굴거리나무 (H2.5×W0.6), 태산목(H1.5×W0.5), 먼나무(H2.0×R5), 산딸나무(H2.5×R5), 산수유(H2.5×R7), 꽃사과(H2.5×R5), 수수꽃다리(H1.5×W0.6), 병꽃나무(H1.0×W0.4), 쥐똥나무(H1.0×W0.3), 명자나무(H0.6×W0.4), 산철쭉(H0.3×W0.4), 회양목(H0.3×W0.4), 자산홍(H0.3×W0.3), 영산홍 (H0.3×W0.3), 조릿대(H0.6×7가지), 매화나무(H2.0×R4), 잔디(0.3×0.3×0.03)

13) B-B' 단면도는 경사, 포장재료, 경계선 및 기타 시설물의 기초, 주변의 수목, 중요시설물, 이용자 등을 단면도상에 반드시 표기하고, 높이 차를 한눈에 볼 수 있도록 설계하시오.

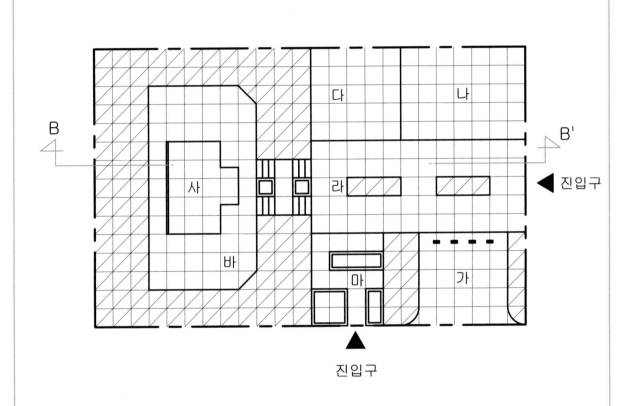

B

B'

◀ 진입구

다   나

사   라

바

마   가

▲
진입구

★참조: 격자 한 눈금이 1M

N

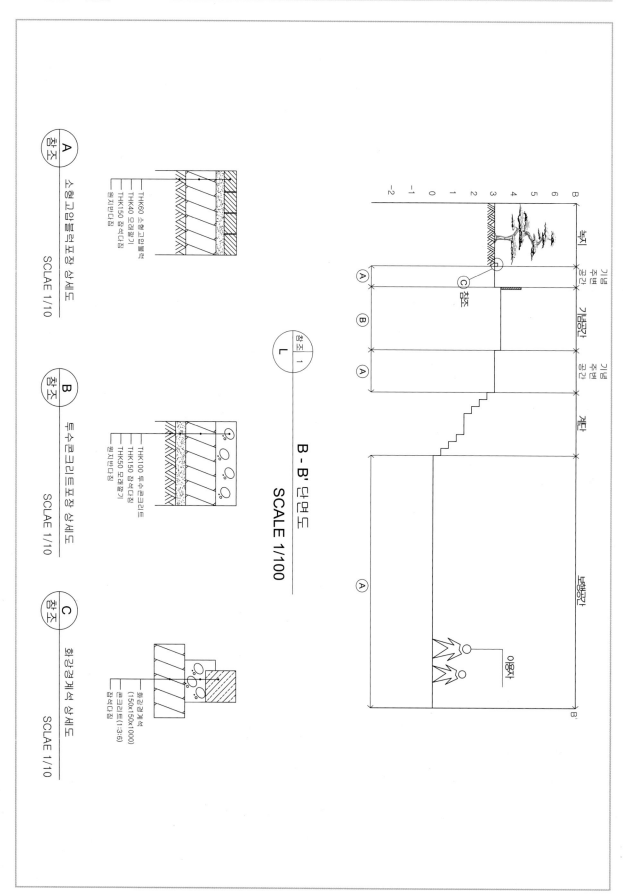

참조 A / 참조

소형고압블럭포장 상세도 SCLAE 1/10

- THK60 소형고압블럭
- THK40 모래깔기
- THK150 잡석다짐
- 원지반다짐

B - B' 단면도
SCALE 1/100

참조 1 L

투수콘크리트포장 상세도 참조 B / 참조 SCLAE 1/10

- THK100 투수콘크리트
- THK150 잡석다짐
- THK50 모래깔기
- 원지반다짐

환경경계석 상세도 참조 C / 참조 SCLAE 1/10

- 환경경계석 (150x150x1000)
- 콘크리트(1:3:6)
- 잡석다짐

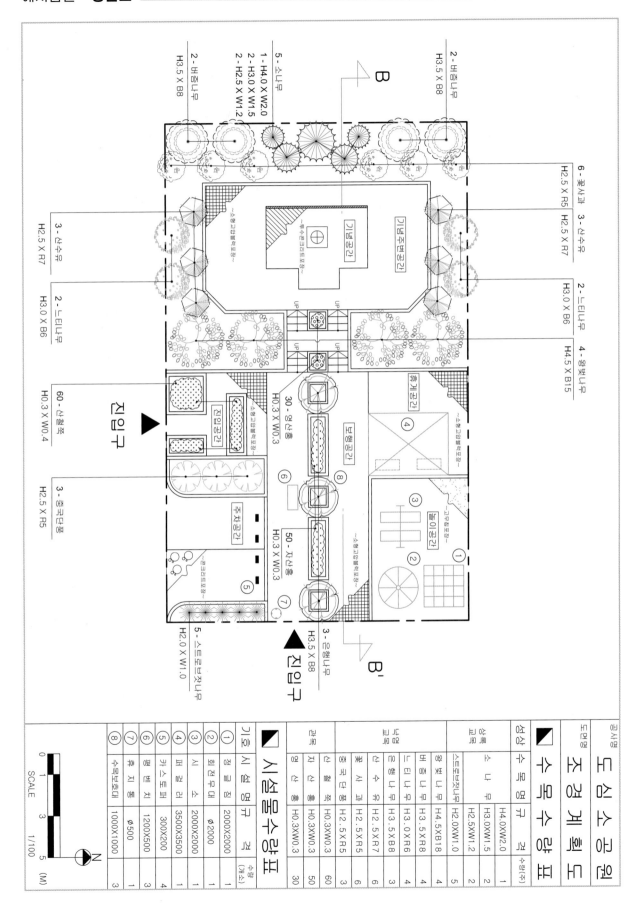

10 옥상정원(1)

설계문제

우리나라 천안지역에 위치한 옥상정원에 대한 조경설계를 하고자 한다. 주어진 도면을 참조하여 요구사항 및 조건들에 합당한 조경계획도 및 단면도를 작성하시오. (단, 이점쇄선 안 부분을 조경설계 대상지로 한다.)

요구사항

1) 식재 평면도를 위주로 한 조경계획도를 축척 1/100로 작성하시오. (지급용지 1)

2) 도면 오른쪽 위에 작업명칭을 작성하시오.

3) 도면 오른쪽에는 "중요시설물 수량표와 수목(식재)수량표"를 작성하고, 수량표 아래쪽에 "방위표시와 막대축척"을 그려 넣으시오. (단, 전체 대상지의 길이를 고려하여 범례표의 폭을 조정할 수 있다.)

4) 도면의 전체적인 안정감을 위하여 "테두리선"을 넣으시오.

5) B-B' 단면도를 축척 1/100로 작성하시오. (지급용지 2)

설계조건

1) "가" 지역은 휴식공간으로 등벤치(1,500×500) 2개, 쉘터(3,500×3,500) 1개를 설치하시오.

2) "나" 지역은 수경공간으로 등벤치 4개를 배치하고, 깊이가 30cm인 정사각형 담수공간 (1,000×1,000) 6개를 조성하며 담수바닥을 조약돌 포장하시오.

3) "사" 지역은 보행공간으로 그늘시렁(H 3,000)이 설치되어 있어 한낮에는 그늘이 제공되고 있으며, 그늘시렁 아래에는 시설물을 설치하지 마시오.

4) 플랜터는 높이가 다른 3개의 단(다, 라, 마)으로 구성하시오.

5) 남쪽은 건물로 막혀 있고 동쪽과 북쪽은 좋은 경관으로 조망되므로 대상지의 여건을 고려하여 배식 설계를 하시오. 또한, 등고선은 1개당 20cm가 높은 녹지지역으로 이를 고려하여 식재하시오.

6) 바닥포장은 "소형고압블럭, 콘크리트, 고무칩, 마사토, 인조잔디, 투수콘크리트 등" 적당한 재료를 선택하여 포장하고 포장명을 반드시 기입하시오.

7) "다" 지역은 관목과 초화류 위주로 식재를 하고, "사" 지역의 플랜트박스는 잔디식재를 실시하시오.

8) 대상지에 조명등 5개소 이상 설치하시오.

9) 관목의 식재기준은 m^2 9주 식재를 적용하고, 10주 단위로 군식을 하는 것을 원칙으로 한다.

10) 다음 조건을 고려하여 플랜터를 설계하시오.

> - 배수판 : THK 30, 인공토(배수용) : THK 100
> - 낮은 플랜터 : 높이 0.5m, 식재토심 43cm 이상, 인공토(육성용) THK 300 이상
> - 중간 플랜터 : 높이 0.8m, 식재토심 63cm 이상, 인공토(육성용) THK 500 이상
> - 높은 플랜터 : 높이 1.2m, 식재토심 93cm 이상, 인공토(육성용) THK 800 이상

11) 수목은 아래에 제시된 수목 중에서 12종을 골라 식재하고 R10, B8, H3.0 이상 규격의 수종을 식재하지 마시오.

> 소나무(H4.0×W2.0), 소나무(H3.0×W1.5), 소나무(H2.5×W1.2), 스트로브잣나무(H2.5×W1.2), 스트로브잣나무(H2.0×W1.0), 왕벚나무(H4.5×B15), 버즘나무(H3.5×B8), 느티나무(H3.0×R6), 은행나무(H3.5×B8), 대왕참나무(H3.5×R18), 청단풍(H2.5×R8), 중국단풍(H2.5×R5), 살구나무(H2.5×R5), 다정큼나무(H1.0×W0.6), 동백나무(H2.5×R8), 자귀나무(H2.5×R6), 굴거리나무(H2.5×W0.6), 태산목(H1.5×W0.5), 먼나무(H2.0×R5), 산딸나무(H2.5×R5), 산수유(H2.0×R7), 꽃사과(H2.0×R5), 매화나무(H2.0×R4), 수수꽃다리(H1.5×W0.6), 병꽃나무(H1.0×W0.4), 쥐똥나무(H1.0×W0.3), 명자나무(H0.6×W0.4), 산철쭉(H0.3×W0.4), 회양목(H0.3×W0.4), 자산홍(H0.3×W0.3), 영산홍(H0.3×W0.3), 조릿대(H0.6×7가지), 비비추(2~3분얼), 제비꽃(3치포트), 구절초(4치포트), 잔디(0.3×0.3×0.03)

12) B-B' 단면도는 경사, 포장재료, 경계선 및 기타 시설물의 기초, 주변의 수목, 중요시설물, 이용자 등을 단면도상에 반드시 표기하고, 높이 차를 한눈에 볼 수 있도록 설계하시오.

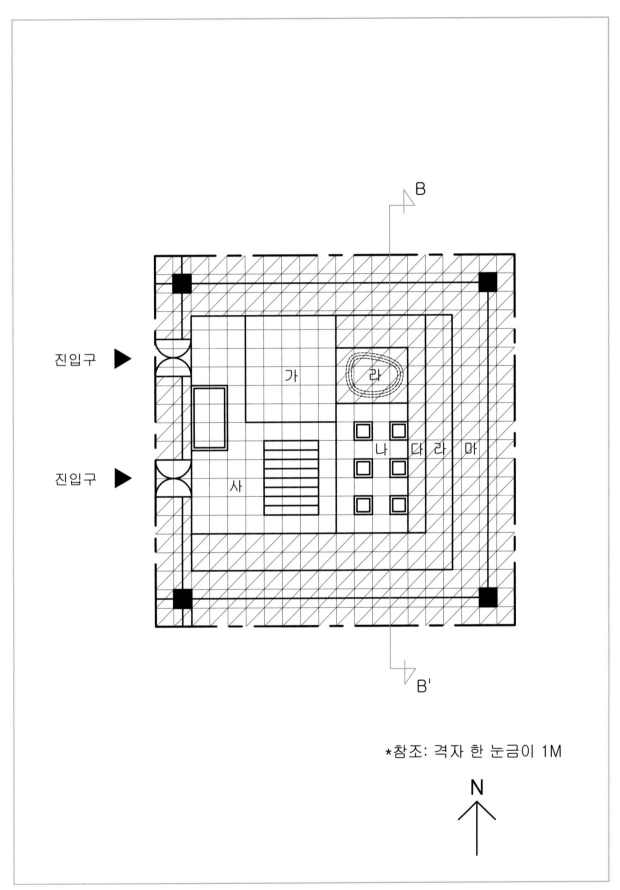

*참조: 격자 한 눈금이 1M

N

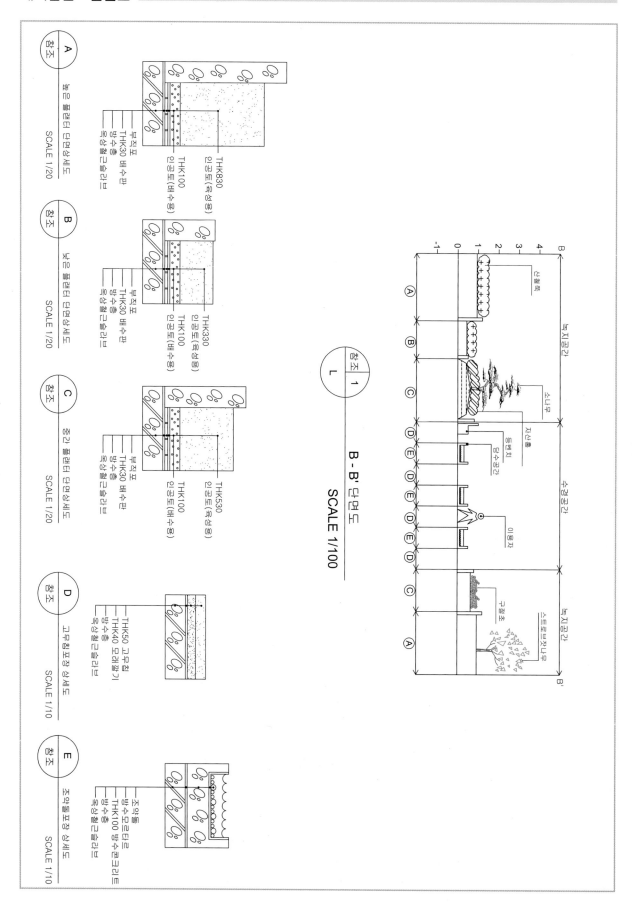

참조 A 높은 플랜터 단면상세도 SCALE 1/20

- 무직포
- THK30 배수판
- 방수층
- 옥상방근슬라브
- THK100 인공토(배수용)
- THK830 인공토(육성용)

참조 B 낮은 플랜터 단면상세도 SCALE 1/20

- 무직포
- THK30 배수판
- 방수층
- 옥상방근슬라브
- THK100 인공토(배수용)
- THK330 인공토(육성용)

참조 C 중간 플랜터 단면상세도 SCALE 1/20

- 무직포
- THK30 배수판
- 방수층
- 옥상방근슬라브
- THK100 인공토(배수용)
- THK530 인공토(육성용)

참조 D 고무칩포장 상세도 SCALE 1/10

- THK50 고무칩
- THK40 모래걸기
- 방수층
- 옥상방근슬라브

참조 E 조약돌포장 상세도 SCALE 1/10

- 조약돌
- 방수모르타르
- THK100 방수콘크리트
- 방수층
- 옥상방근슬라브

참조 1 L B - B' 단면도 SCALE 1/100

녹지공간 / 수경공간 / 녹지공간

산철쭉 · 소나무 · 자산홍 · 돌벤치 · 담수공간 · 이용자 · 구절초 · 스트로브잣나무

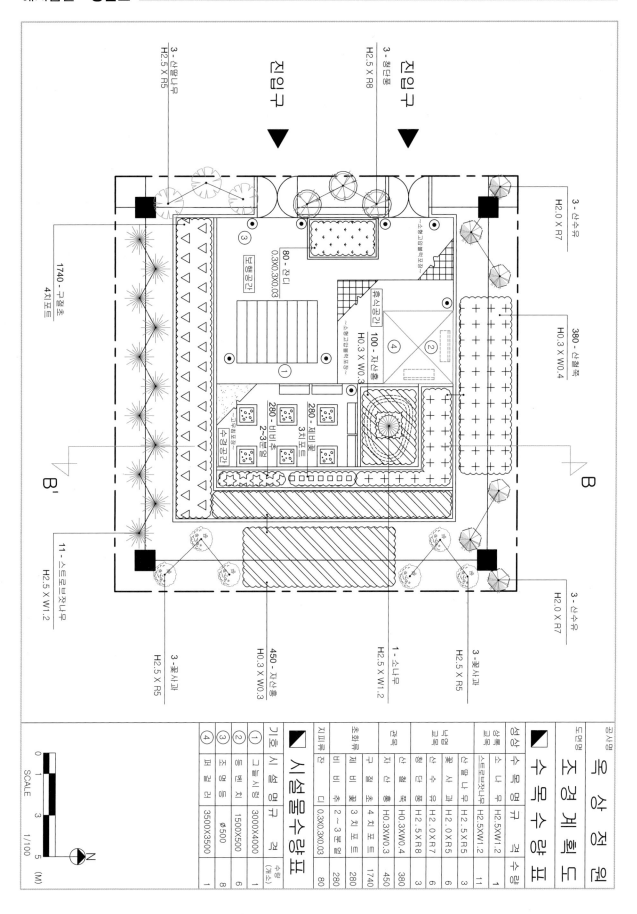

11 도로변소공원[조합놀이시설]

설계문제

우리나라 대전지역에 위치한 도로변의 빈 공간에 대한 조경설계를 하고자 한다. 주어진 도면을 참조하여 요구사항 및 조건들에 합당한 조경계획도 및 단면도를 작성하시오. (단, 이점쇄선 안 부분을 조경설계 대상지로 한다.)

요구사항

1) 식재 평면도를 위주로 한 조경계획도를 축척 1/100로 작성하시오. (지급용지 1)
2) 도면 오른쪽 위에 작업명칭을 작성하시오.
3) 도면 오른쪽에는 "중요시설물 수량표와 수목(식재)수량표"를 작성하고, 수량표 아래쪽에 "방위표시와 막대축척"을 그려 넣으시오. (단, 전체 대상지의 길이를 고려하여 범례표의 폭을 조정할 수 있다.)
4) 도면의 전체적인 안정감을 위하여 "테두리선"을 넣으시오.
5) B-B' 단면도를 축척 1/100로 작성하시오. (지급용지 2)

설계조건

1) 해당 지역은 도로변의 자투리 공간을 이용하여 휴식 및 어린이들이 즐길 수 있는 도로변소공원으로, 공원의 특징을 고려하여 조경계획도를 작성하시오.
2) 포장지역을 제외한 곳에는 모두 식재를 하시오. (단, 녹지공간은 빗금 친 부분이며, 분위기를 고려하여 식재하시오.)
3) 포장지역은 "점토블럭, 데크, 화강석블럭, 고무칩, 마사토" 등 적당한 재료를 선택하여 재료의 사용이 적합한 장소에 기호로 표현하고 포장명칭을 반드시 기입하시오.
4) "가" 지역은 대상지 내 어린이를 위한 종합놀이공간으로 계획하시오.

> • 대상지는 어린이가 놀 수 있도록 조합놀이시설을 설치하고, 반드시 합당한 포장을 선택하시오.
> • 조합놀이시설(H=2,500)로 미끄럼대 3면과 철봉 3연식을 설계하시오.
> • 대상지 주변에 수목보호대 5개를 설치하여 적합한 수목을 선정하여 설치하시오.

5) "나" 지역은 휴게공간으로 계획하고 그 안에 퍼걸러(3,500×3,500) 1개소와 평의자, 등의자, 야외테이블 등 휴게시설 1종을 배치하시오.
6) "다", "라", "마" 지역은 대상지 내 어린이를 위한 숨은 놀이공간으로 계획하시오.

> • 대상지는 어린이 놀이시설물을 임의로 선택할 수 있으며, 반드시 합당한 포장을 선택하시오.
> • 정글짐, 그네, 동물형 흔들의자, 징검놀이시설, 시소, 회전무대 등
> • 공간 사이의 녹지는 크기가 다른 소나무 3종과 잔디를 활용하여 식재하시오.

7) 적당한 위치에 차폐식재, 주 진입구 사이 녹지대에는 소나무 군식, 휴식공간 주변은 녹음수·식재, 놀이공간 주변에는 계절감 있는 식재 등 대상지 내 공간성격에 부합하도록 배식하시오. (녹지 내 등고선 1개 높이는 25cm 정도로 계획에 반영하시오.)

8) 수목은 아래에 주어진 수종에서 종류가 다른 12가지를 정하여 공간에 부합되는 식재를 계획하며, 인출선을 이용하여 수량, 수종명칭, 규격을 반드시 표기하시오.

> 소나무(H4.0×W2.0), 소나무(H3.0×W1.5), 소나무(H2.5×W1.2), 스트로브잣나무(H2.5×W1.2), 스트로브잣나무(H2.0×W1.0), 왕벚나무(H4.5×B15), 버즘나무(H3.5×B8), 느티나무(H3.0×R6), 은행나무(H3.5×B8), 대왕참나무(H3.5×R18), 청단풍(H2.5×R8), 중국단풍(H2.5×R5), 살구나무(H2.5×R5), 다정큼나무(H1.0×W0.6), 동백나무(H2.5×R8), 자귀나무(H2.5×R6), 굴거리나무(H2.5×W0.6), 태산목(H1.5×W0.5), 먼나무(H2.0×R5), 산딸나무(H2.5×R5), 산수유(H2.5×R7), 꽃사과(H2.5×R5), 수수꽃다리(H1.5×W0.6), 병꽃나무(H1.0×W0.4), 쥐똥나무(H1.0×W0.3), 명자나무(H0.6×W0.4), 산철쭉(H0.3×W0.4), 회양목(H0.3×W0.4), 자산홍(H0.3×W0.3), 영산홍(H0.3×W0.3), 조릿대(H0.6×7가지), 매화나무(H2.0×R4), 잔디(0.3×0.3×0.03)

9) B-B' 단면도는 경사, 포장재료, 경계선 및 기타 시설물의 기초, 주변의 수목, 중요시설물, 이용자 등을 단면도상에 반드시 표기하고, 높이 차를 한눈에 볼 수 있도록 설계하시오.

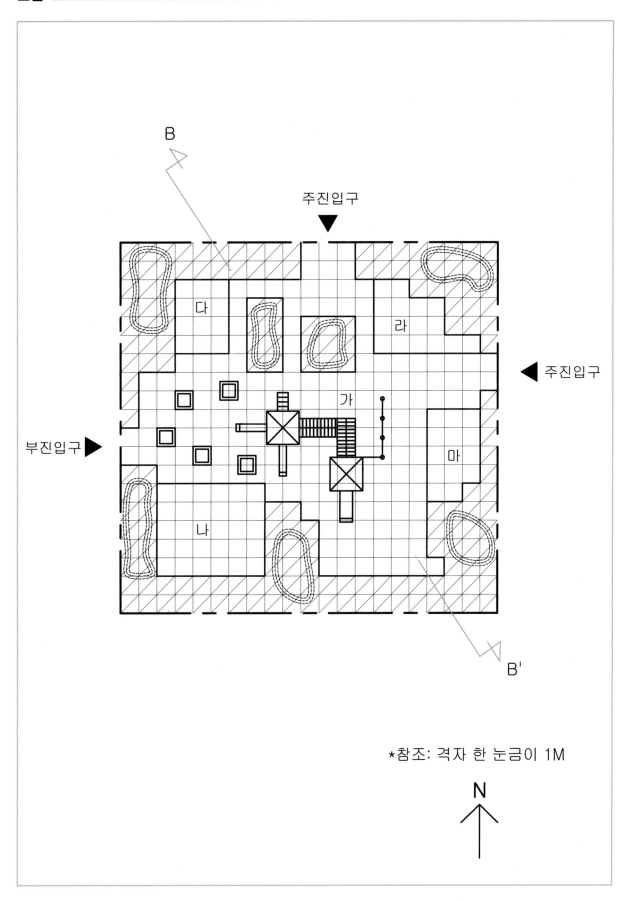

B

주진입구 ▼

다

라

주진입구 ◀

가

부진입구 ▶

마

나

B'

*참조: 격자 한 눈금이 1M

N
↑

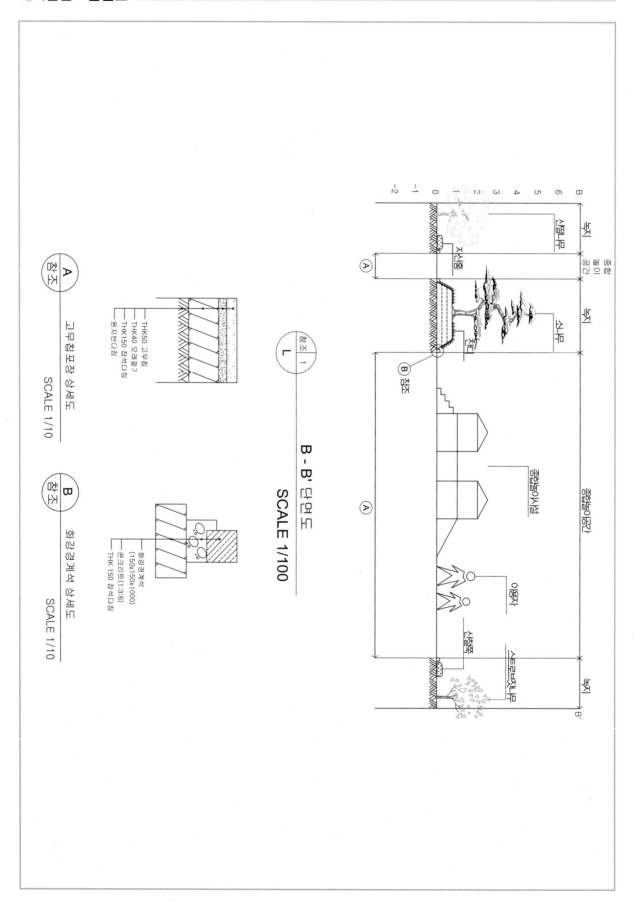

B - B' 단면도

SCALE 1/100

고무칩포장 상세도

SCALE 1/10

환강경계석 상세도

SCALE 1/10

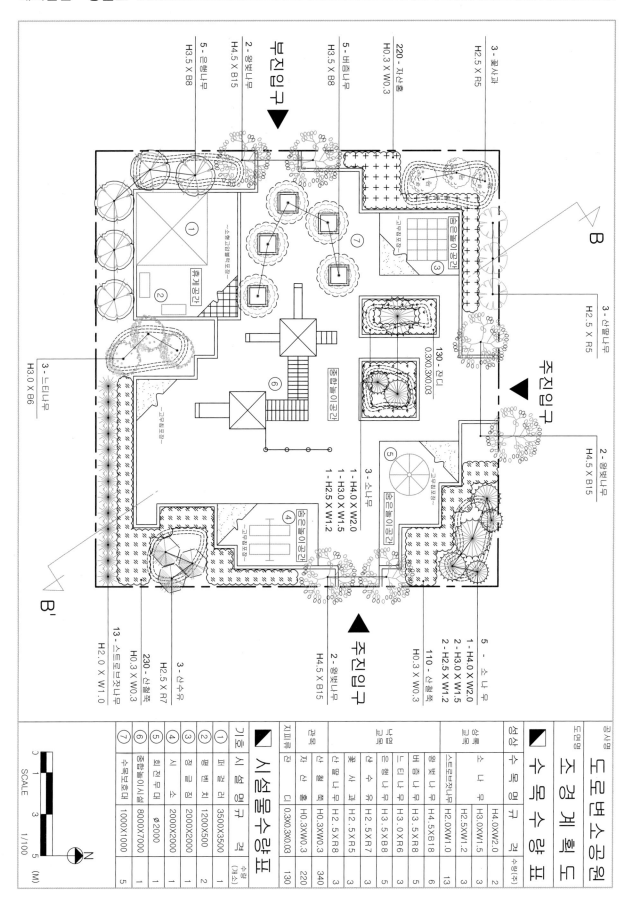

조경계획도 수목수량표

성상	수목명	규격	수량(주)
상록교목	소나무	H4.0XW2.0	2
	소나무	H3.0XW1.5	3
	스트로브잣나무	H2.0XW1.0	13
낙엽교목	은행나무	H4.5XB18	6
	버즘나무	H3.5XB8	5
	느티나무	H3.0XB6	3
	산딸나무	H2.5XR8	3
	꽃사과	H2.5XR5	3
	산수유	H2.5XR7	3
관목	자산홍	H0.3XW0.3	340
	산철쭉	H0.3XW0.3	220
지피류	잔디	0.3X0.3X0.03	130

시설물수량표

기호	시설명	규격	수량(개소)
1	파고라	3500X3500	1
2	평벤치	1200X500	2
3	정글짐	2000X2000	1
4	시소	2000X2000	1
5	회전무대	Ø2000	1
6	종합놀이시설	8000X7000	1
7	수목보호대	1000X1000	5

SCALE 1/100

12 도로변소공원 [치유정원]

우리나라 중부지역에 위치한 도심의 소공원에 치유를 목적으로 하는 조경설계를 하고자 한다. 주어진 현황도 및 아래 사항을 참조하여 설계조건에 따라 조경계획도를 작성한다. (단, 일점쇄선 안 부분을 조경설계 대상지로 한다.)

요구사항

1) 식재 평면도를 위주로 한 조경계획도를 축척 1/100로 작성하시오. (지급용지 1)

2) 도면 오른쪽 위에 작업명칭을 작성하시오.

3) 도면 오른쪽에는 "중요시설물 수량표와 수목(식재)수량표"를 작성하고, 수량표 아래쪽에 "방위표시와 막대축척"을 그려 넣으시오. (단, 전체 대상지의 길이를 고려하여 범례표의 폭을 조정할 수 있다.)

4) 도면의 전체적인 안정감을 위하여 "테두리선"을 넣으시오.

5) B-B' 단면도를 축척 1/100로 작성하시오. (지급용지 2)

설계조건

1) 해당지역은 중부지역 도심 소공원으로 치유를 목적으로 하는 공간의 특성을 고려하여 조경 계획도를 작성하시오.

2) 포장지역을 제외한 곳에는 모두 식재를 계획하시오. (단, 녹지공간은 빗금 친 부분이며, 분위기를 고려하여 식재하시오.)

3) 포장지역은 "소형고압블럭, 점토블럭, 콘크리트, 투수콘크리트, 마사토, 고무칩" 등 적당한 재료를 선택하여 재료의 사용이 적합한 장소에 기호를 표현하고, 포장명을 반드시 기입하시오.

4) "가" 지역은 부지 외곽 경계선보다 1m 높은 지역에 위치하고 있으며 이용자들이 치유될 수 있는 공간을 가지고 있으며, 중앙은 치유공간으로 허브류, 향기나는 초화류, 꽃이 피는 관목 등 7종을 식재하시오.

5) "나" 지역은 운동공간으로 체육시설을 3개 설치하여 이용자들이 운동을 즐길 수 있도록 하시오.

6) "A" 구간에서 시작하여 "다" 지역으로 통하는 오솔길(산책로)을 설치하고, 넓이는 1m 이내로 하시오.

7) "다" 지역은 휴식공간으로 적당한 포장을 하며, 퍼걸러(3,000×3,000) 1개를 설치하시오.

8) "B"는 분수로 깊이는 40cm로 설치하시오.

9) 전체 구역 중에 보행에 방해가 되지 않는 곳에 이용자들이 쉴 수 있는 등의자나 앉음벽을 설치하고, 조명등 6개를 설치하시오.

10) 대상지 경계에 위치한 외곽 녹지대는 마운딩을 하여 식재하는데 마운닝의 등고선 1개당 높이는 30cm로 계획하고 적당한 위치에 차폐식재, 소나무 군식, 녹음식재, 경관식재 등으로 배식하시오.

11) 수목은 아래에 주어진 수종에서 종류가 다른 12가지를 정하여 공간에 부합되는 식재를 계획하고, 인출선을 이용하여 수량, 수종명칭, 규격을 반드시 표기하시오.

> 소나무(H4.0×W2.0), 소나무(H3.0×W1.5), 소나무(H2.5×W1.2), 스트로브잣나무(H2.5×W1.2), 스트로브잣나무(H2.0×W1.0), 왕벚나무(H4.5×B15), 버즘나무(H3.5×B8), 느티나무(H3.0×R6), 은행나무(H3.5×B8), 대왕참나무(H3.5×R18), 청단풍(H2.5×R8), 중국단풍(H2.5×R5), 살구나무(H2.5×R5), 다정큼나무(H1.0×W0.6), 동백나무(H2.5×R8), 자귀나무(H2.5×R6), 먼나무(H2.0×R5), 굴거리나무(H2.5×W0.6), 태산목(H1.5×W0.5), 산딸나무(H2.5×R5), 산수유(H2.0×R7), 꽃사과(H2.0×R5), 매화나무(H2.0×R4), 수수꽃다리(H1.5×W0.6), 병꽃나무(H1.0×W0.4), 주목(H2.5×W1.0), 쥐똥나무(H1.0×W0.3), 명자나무(H0.6×W0.4), 모과나무(H3.0×R8), 산철쭉(H0.3×W0.4), 회양목(H0.3×W0.4), 자산홍(H0.3×W0.3), 영산홍(H0.3×W0.3), 조릿대(H0.6×7가지), 잔디(0.3×0.3×0.03), 란꽃창포(8cm), 금계국(10cm), 둥굴레(10cm), 로즈마리(8cm), 캐모마일(8cm), 레몬밤(8cm), 벌개미취(8cm), 맥문동(8cm), 수호초(10cm), 옥잠화(2~3분얼), 원추리(2~3분얼), 부들(8cm), 부처꽃(8cm), 비비추(2~3분얼), 백리향(8cm), 패랭이꽃(8cm), 붓꽃(10cm), 갈대(10cm), 감국(8cm), 매발톱꽃(8cm), 부처꽃(8cm), 꽃창포(8cm), 찔레(H1.5×5가지), 무궁화(H1.5×W0.4)

12) B-B'단면도는 경사, 포장재료, 경계선 및 기타 시설물의 기초, 주변의 수목, 중요시설물, 이용자 등을 단면도상에 반드시 표시하고 높이 차를 한눈에 볼 수 있도록 설계하시오.

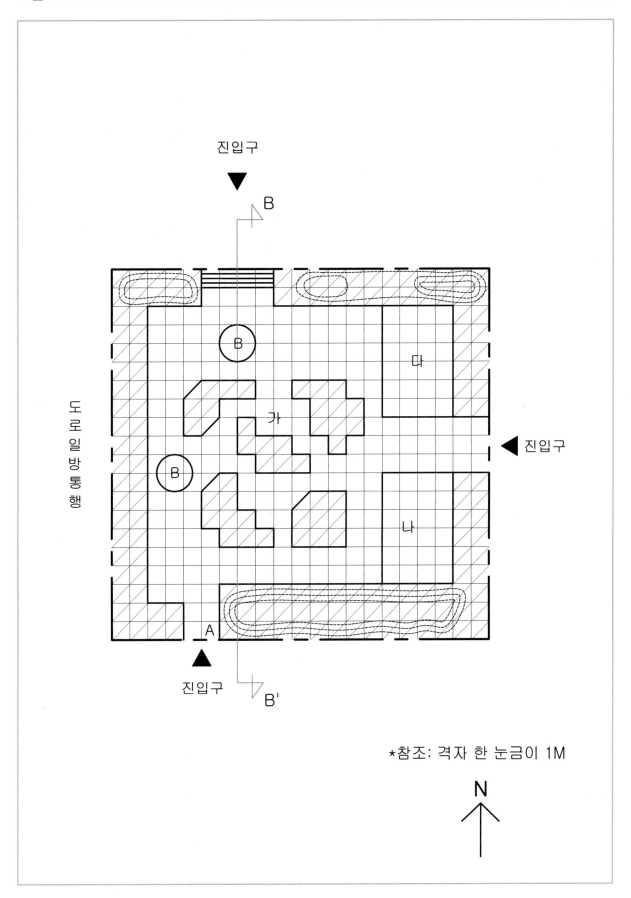

진입구

B

도로일방통행

B

가

다

진입구

B

나

A

진입구

B'

*참조: 격자 한 눈금이 1M

N

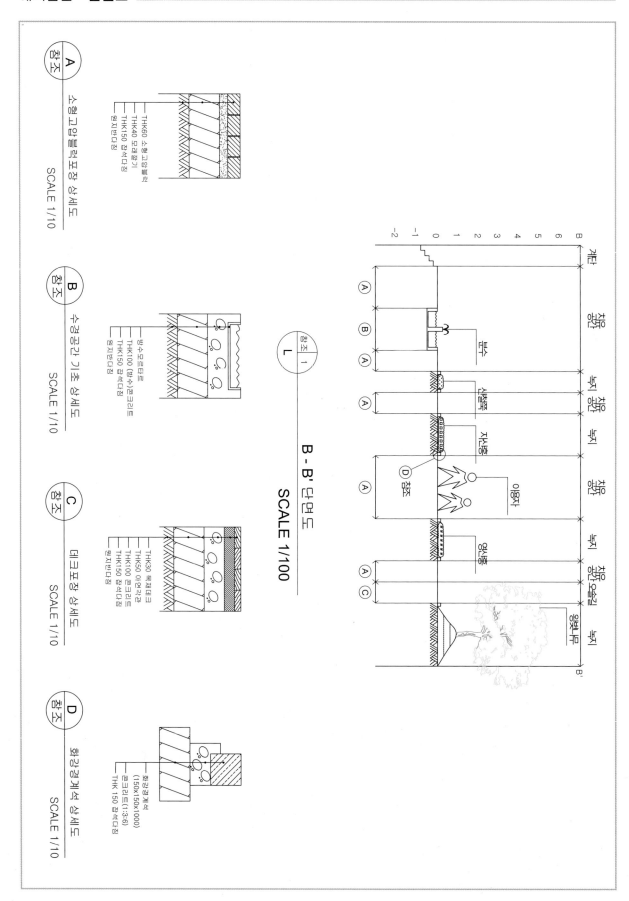

참조 A
소형고압블럭포장 상세도
SCALE 1/10

THK60 소형고압블럭
THK40 모래깔기
THK150 잡석다짐
원지반다짐

참조 B
수경공간 기초 상세도
SCALE 1/10

방수모르타르
THK100 (방수)콘크리트
THK150 잡석다짐
원지반다짐

참조 C
데크포장 상세도
SCALE 1/10

THK30 목재데크
THK50 이연각재
THK100 콘크리트
THK150 잡석다짐
원지반다짐

참조 D
화강경계석 상세도
SCALE 1/10

화강경계석
(150x150x1000)
콘크리트(1:3:6)
THK 150 잡석다짐

참조 L
B - B' 단면도
SCALE 1/100

계단 · 포장 · 녹지 · 포장 · 녹지 · 포장 · 녹지 · 포장 · 녹지 · 포장 · 포장 · 녹지 · 포장연결 · 녹지

분수 · 산책로 · 잔디동 · 이용자 · 휴식동 · 화분대

참조 A · 참조 B · 참조 A · 참조 A · 참조 D · 참조 A · 참조 A · 참조 C

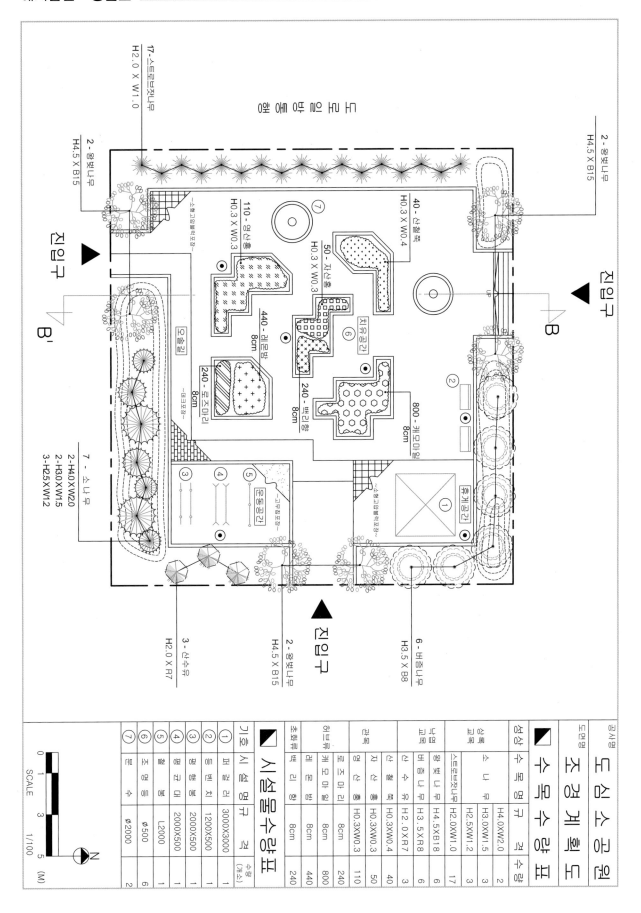

13 옥상정원 (2)

 설계문제

우리나라 중부지역에 위치한 옥상정원에 대한 조경설계를 하고자 한다. 주어진 도면을 참조하여 요구사항 및 조건들에 합당한 조경계획도 및 단면도를 작성하시오.

요구사항

1) 식재 평면도를 위주로 한 조경계획도를 축척 1/100로 작성하시오. (지급용지 1)
2) 도면 오른쪽 위에 작업명칭을 '옥상정원 조경설계'로 작성하시오.
3) 도면 오른쪽에는 "중요시설물 수량표와 수목(식재)수량표"를 작성하고, 수량표 아래쪽에 "방위표시와 막대축척"을 그려 넣으시오. (단, 전체 대상지의 길이를 고려하여 범례표의 폭을 조정할 수 있다.)
4) 도면의 전체적인 안정감을 위하여 "테두리선"을 넣으시오.
5) B-B' 단면도를 축척 1/100로 작성하시오. (지급용지 2)
6) 반드시 식재 수량표는 성상, 수목명, 규격, 단위, 수량을 명기하여 작성하시오.

설계조건

1) 포장지역은 "점토벽돌, 화강암판석, 고무칩, 우레탄포장" 등 적당한 재료를 2종 이상을 선택하여 재료의 사용이 적합한 장소에 기호로 표현하고 포장명칭을 반드시 기입하시오.
2) "가" 지역은 휴게공간으로 그늘시렁 1개를 현황도와 같이 그리시오.
3) "나" 지역은 수경공간은 깊이 0.3M이며 가운데 공간에 조형물(형태는 자유이나 높이는 1M 이하로 설치)을 설치하고, 중간에 석조다리를 현황도과 같이 설치하시오.
4) "다" 플랜트박스는 잔디를 식재하시오.
5) 보행에 지장이 없는 곳에 등벤치 3개 이상, 이동테이블 2개 이상, 수목보호대는 현황의 2곳에 설치하시오.
6) "라" 지역은 정사각형의 큰 연못 3개, 작은 연못 3개를 넣고 바닥포장은 조약돌 포장하시오.
7) "마" 지역은 목재데크로 된 공간을 설계하시오.
8) "바", "사", "아" 지역은 3단 플랜터를 설치하시오.
   ○ 1단 플랜터의 높이는 0.5m 이하로 하고 식재 토심은 0.43m 이상을 확보하시오.
   ○ 2단 플랜터의 높이는 0.6m 이하로 하고 식재 토심은 0.53m 이상을 확보하시오.
   ○ 3단 플랜터의 높이는 0.8m 이하로 하고 식재 토심은 0.73m 이상을 확보하시오.

> 1단 : 배수판 THK30, 인공토(배수용) THK100, 인공토(육성용) THK300 이상
> 2단 : 배수판 THK30, 인공토(배수용) THK100, 인공토(육성용) THK400 이상
> 3단 : 배수판 THK30, 인공토(배수용) THK100, 인공토(육성용) THK600 이상

9) 식재공간의 등고선은 1개의 높이는 30cm 정도로 계획에 반영하시오.

10) 전 구역에 조명등(H=2,000)을 5개 이상 설치하시오.

11) 북측 녹지대는 차폐식재를 하고, 전체적으로 볼거리가 있도록 초화류와 교목을 플랜터 높이에 맞게 식재하시오.

12) 수목은 아래에 주어진 수종 중에서 종류가 다른 12가지를 반드시 선정하여 골고루 안정적인 배식이 될 수 있도록 계획하고, 인출선을 이용하여 수량, 수종명칭, 규격을 반드시 표시하시오. (남부지방 수종은 제외하고 식재한다.)

> 소나무(H4.0×W2.0), 소나무(H3.0×W1.5), 소나무(H2.5×W1.2), 스트로브잣나무(H2.5×W1.2), 스트로브잣나무(H2.0×W1.0), 왕벚나무(H4.5×B15), 버즘나무(H3.5×B8), 느티나무(H3.0×R6), 은행나무(H3.5×B8), 대왕참나무(H3.5×R18), 청단풍(H2.5×R8), 중국단풍(H2.5×R5), 살구나무(H2.5×R5), 다정큼나무(H1.0×W0.6), 동백나무(H2.5×R8), 자귀나무(H2.5×R6), 굴거리나무(H2.5×W0.6), 태산목(H1.5×W0.5), 먼나무(H2.0×R5), 산딸나무(H2.5×R5), 산수유(H2.0×R7), 꽃사과(H2.0×R5), 수수꽃다리(H1.5×W0.6), 병꽃나무(H1.0×W0.4), 쥐똥나무(H1.0×W0.3), 명자나무(H0.6×W0.4), 산철쭉(H0.3×W0.4), 회양목(H0.3×W0.4), 자산홍(H0.3×W0.3), 영산홍(H0.3×W0.3), 조릿대(H0.6×7가지), 매화나무(H2.0XR4), 구절초(8cm), 노란꽃창표(8cm), 금계국(10cm), 둥글레(10cm), 로즈마리(8cm), 캐모마일(8cm), 레몬밤(8cm), 벌개미취(8cm), 수호초(10cm), 잔디(0.3x0.3x0.03), 부들(8cm), 부처꽃(8cm), 백리향(8cm), 패랭이꽃(8cm), 붓꽃(10cm), 갈대(8cm), 옥잠화(2~3분얼), 원추리(2~3분얼), 비비추(2~3분얼)

13) 교목은 30주 이상 식재하고, 관목 및 초화는 1,000주 이상 식재하시오. (관목은 1m²당 10주로 한다.)

14) B-B' 단면도는 경사, 포장재료, 경계선 및 기타 시설물의 기초, 주변의 수목, 중요시설물, 이용자 등을 단면도상에 반드시 표기하고, 높이 차를 한눈에 볼 수 있도록 설계하시오.

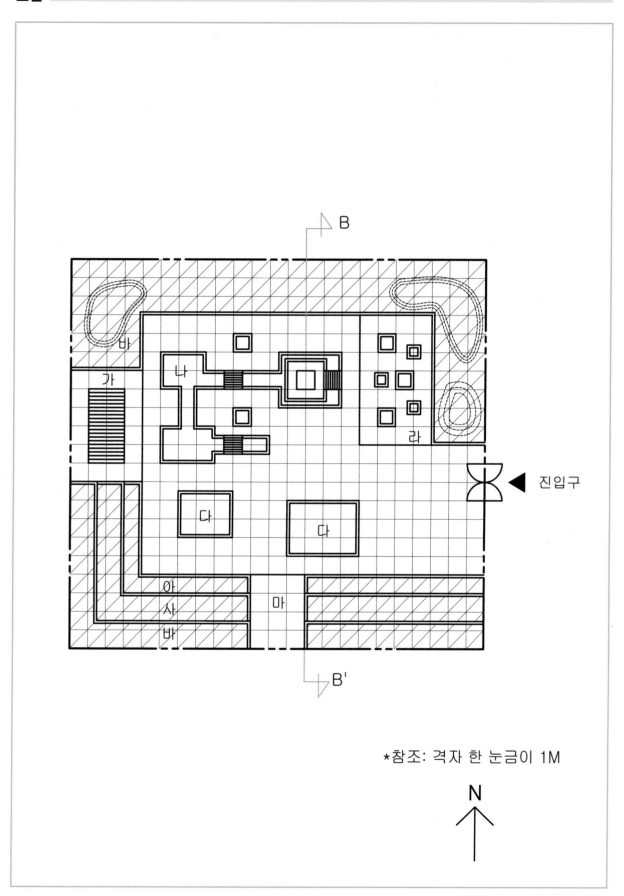

B

진입구

B'

*참조: 격자 한 눈금이 1M

N

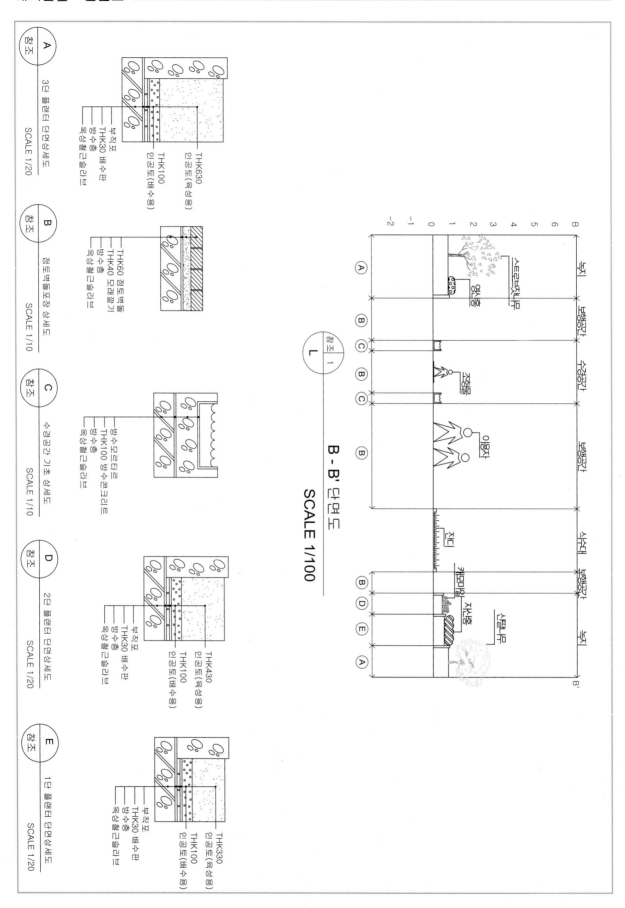

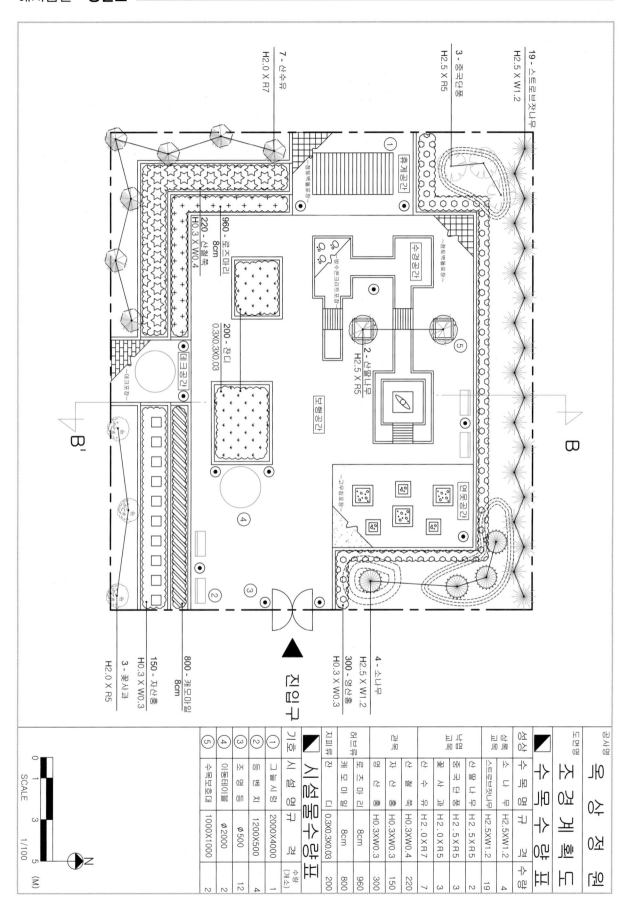

14 도로변소공원[법면녹화]

우리나라 중부지역에 위치한 도로변소공원에 대한 조경설계를 하고자 한다. 주어진 도면을 참조하여 요구사항 및 조건들에 합당한 조경계획도 및 단면도를 작성하시오. (단, 이점쇄선 안 부분을 조경설계 대상지로 한다.)

요구사항

1) 식재 평면도를 위주로 한 조경계획도를 축척 1/100로 작성하시오. (지급용지 1)

2) 도면 오른쪽 위에 작업명칭을 '도로변소공원'으로 작성하시오.

3) 도면 오른쪽에는 "중요시설물 수량표와 수목(식재)수량표"를 작성하고, 수량표 아래쪽에 "방위표시와 막대축척"을 그려 넣으시오. (단, 전체 대상지의 길이를 고려하여 범례표의 폭을 조정할 수 있다.)

4) 도면의 전체적인 안정감을 위하여 "테두리선"을 넣으시오.

5) A-A' 단면도를 축척 1/100로 작성하시오. (지급용지 2)

6) 반드시 식재 수량표는 성상, 수목명, 규격, 단위, 수량을 명기하여 작성하시오.

설계조건

1) 주어진 현황도면의 위를 북향으로 하고, 휴식 및 어린이들이 즐길 수 있는 도로변 소공원으로, 공원의 특징을 고려하여 조경설계도를 작성하시오.

2) 포장지역을 제외한 모든 곳에는 식재를 실시하시오. (단, 녹지공간은 빗금 친 부분이며, 분위기를 고려하여 배식하시오.)

3) 바닥포장은 "소형고압블록, 화강석 블록, 콘크리트, 고무칩, 마사토, 투수콘크리트" 등 적당한 재료를 선택하여 적합한 장소에 기호로 표현하고, 포장명을 반드시 기입하시오.

4) "가" 지역은 대상지 내 어린이를 위한 종합놀이공간으로 계획하시오.

> • 대상지는 어린이가 놀 수 있도록 조합놀이시설을 설치하고, 반드시 적합한 포장을 선택하시오.
> • 조합놀이시설(H2,500)을 미끄럼대 3면으로 설계하시오.
> • 수목보호대 5개를 설치하여 적합한 수목을 선정하여 식재하시오.

5) "나" 지역은 휴게공간으로 그 안에 퍼걸러(3,000×4,000), 평의자, 앉음벽 등 휴게시설 2종을 배치하시오.

6) "다" 지역은 유아놀이공간으로 다음의 내용으로 설치하시오.

> • "A" 지역은 모래놀이터로 규격 3.0M×3.0M 1개를 설치하시오.
> • "B" 지역은 지름 3.0m 원형 바닥분수로 중심으로 갈수록 높이가 낮아지도록 설계하시오.
> • 대상지 내 어린이들이 물을 섭취할 수 있도록 음수대를 설치하고, 포장재료를 적합하게 설치하시오.

7) "라" 지역은 진입공간으로 공간과 공간을 자연스럽게 연결하는 기능으로 설치하시오.

8) "가" 지역은 주변 지역보다 1M 낮은 곳이며, 시설물 중 C(그물망 2개소)와 D(미끄럼대 2개소)는 녹지지역의 경사를 활용하여 이용할 수 있는 놀이시설로 계획하고 설계하시오. 또한, 경사면으로 이루어진 녹지는 분위기를 고려하여 적절한 식재를 실시하시오.

9) "마" 지역은 녹지대면보다 등고선 1개당 30cm가 높은 녹지지역으로 경관식재를 하시오. 그중 1개소에는 크기가 다른 소나무 3종 식재와 계절성을 느낄 수 있는 수목을 식재하시오.

10) 대상지 내에는 유도식재, 녹음식재, 경관식재, 소나무 군식 등의 식재 패턴을 필요한 곳에 배식하고, 필요에 따라 수목보호대를 추가로 설치하여 포장 내에 식재를 하시오.

11) 다음의 제시 수목 중 12가지를 선정하여 골고루 안정적인 배식이 될 수 있도록 계획하며, 인출선을 이용하여 수량, 수종명, 규격, 단위, 수량을 반드시 표기하시오.

> 금목서(H2.0×R6), 꽃사과(H2.5×R5), 꽝꽝나무(H0.3×W0.4), 낙상홍(H1.0×W0.4), 낙우송(H4.0×B12), 느티나무(H3.0×R6), 느티나무(H4.5×R20), 다정큼나무(H1.0×W0.6), 대왕참나무(H4.5×R20), 덜꿩나무(H1.0×W0.4), 돈나무(H1.5×W1.0), 동백나무(H2.5×B8), 마가목(H3.0×R12), 매화나무(H2.0×R4), 먼나무(H2.0×R5), 메타세쿼이아(H4.0×B8), 명자나무(H0.6×W0.4), 모과나무(H3.0×R8), 목련(H3.0×R10), 무궁화(H1.0×W0.2), 박태기나무(H1.0×W0.4), 배롱나무(H2.5×R6), 백철쭉(H0.3×W0.3), 백합나무(H4.0×R10), 버즘나무(H3.5×B8), 병꽃나무(H1.0×W0.6), 사철나무(H1.0×W0.3), 산딸나무(H2.5×R6), 산수국(H0.3×W0.4), 산수유(H2.0×R7), 산철쭉(H0.3×W0.3), 서양측백(H1.2×W0.4), 소나무(H3.0×W1.5×R10), 소나무(H4.0×W2.0×R15), 소나무(H5.0×W2.5×R20), 소나무(둥근형)(H1.2×W1.5), 수수꽃다리(H2.0×W0.8), 스트로브잣나무(H2.0×W1.0), 아왜나무(H1.5×W0.8), 영산홍(H0.3×W0.3), 왕벚나무(H4.5×B10), 은행나무(H4.0×B10), 이팝나무(H3.5×R12), 자귀나무(H3.5×R12), 자산홍(H0.3×W0.3), 자작나무(H2.5×B5), 조릿대(H0.6×W0.3), 좀막살나무(H1.2×W0.4), 주목(둥근형)(H0.3×W0.3), 주목(선형)(H2.0×W1.0), 중국단풍(H2.5×B6), 쥐똥나무(H1.0×W0.3), 청단풍(H2.5×R8), 층층나무(H3.5×R8), 칠엽수(H3.5×R12), 태산목(H1.5×W0.5), 홍단풍(H3.0×R10), 화살나무(H0.6×W0.3), 회양목(H0.3×W0.3), 갈대(8cm), 감국(8cm), 구절초(8cm), 금계국(10cm), 노란꽃창표(8cm), 둥글레(10cm), 맥문동(8cm), 벌개미취(8cm), 부들(8cm), 부처꽃(8cm), 붓꽃(10cm), 비비추(2~3분얼), 수호초(10cm), 애기나리(10cm), 옥잠화(2~3분얼), 원추리(2~3분얼), 잔디(0.3×0.3×0.03), 제비꽃(8cm), 털부처꽃(8cm). 패랭이꽃(8cm), 해국(8cm)

※ 규격이 다른 소나무 수종은 종류가 다른 수종으로 판단하지 않으며, 12가지에 포함 기재 시 1개 종으로 간주함.

12) 표제란에 수목수량표를 성상별로 상록교목, 낙엽교목, 관목으로 분류하여 작성하고, 시설물 수량표, 방위표, 바 스케일을 작성한다.

13) A-A' 단면도는 경사, 포장재료, 경계선 및 기타 시설물의 기초, 주변의 수목, 중요시설물, 이용자 등을 단면도상에 반드시 표기하고, 높이 차를 한눈에 볼 수 있도록 설계하시오.

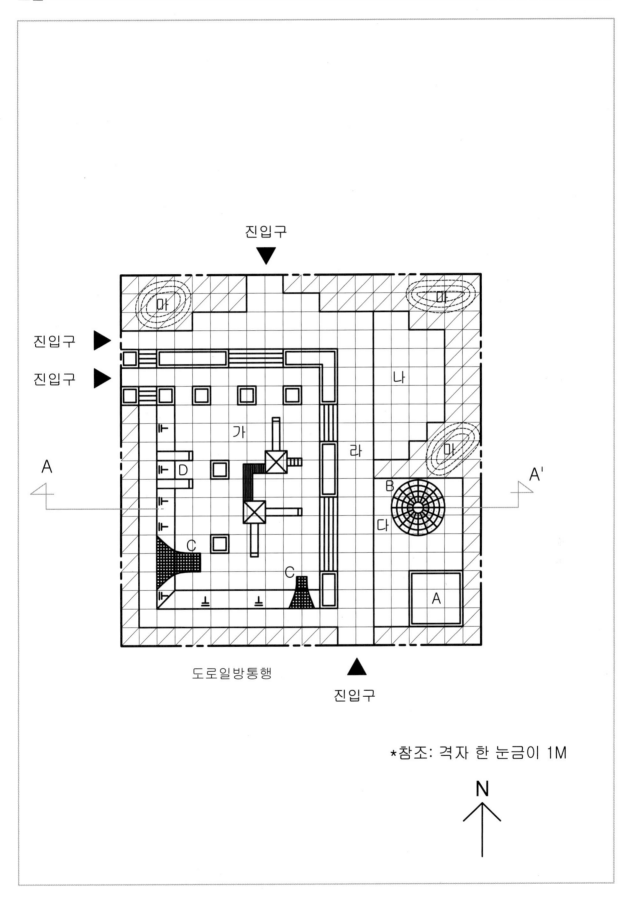

진입구

진입구 ▶

진입구 ▶

A

A'

도로일방통행

진입구

*참조: 격자 한 눈금이 1M

N

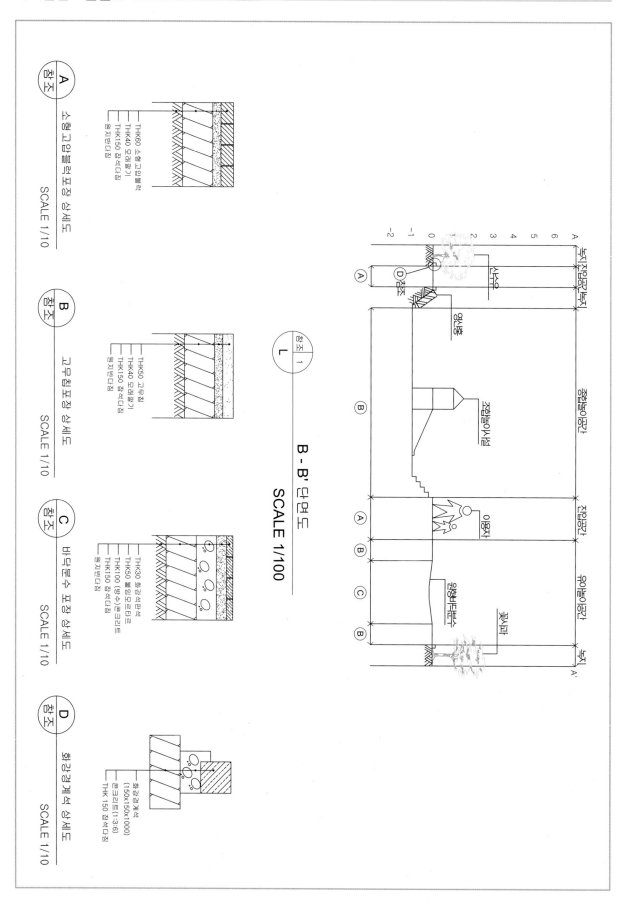

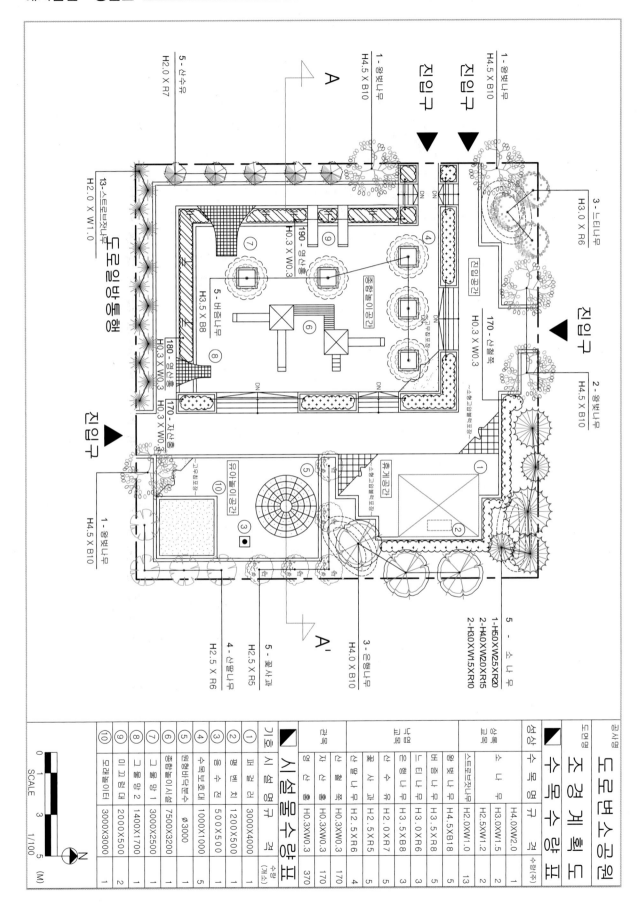

설계문제

우리나라 중부지역에 위치한 도로변의 빈 공간에 대한 조경설계를 하고자 한다. 주어진 도면을 참조하여 요구사항 및 조건들에 합당한 조경계획도 및 단면도를 작성하시오. (단, 이점쇄선 안 부분을 조경설계 대상지로 한다.)

요구사항

1) 식재 평면도를 위주로 한 조경계획도를 축척 1/100로 작성하시오. (지급용지 1)

2) 도면 오른쪽 위에 작업명칭을 작성하시오.

3) 도면 오른쪽에는 "중요시설물 수량표와 수목(식재)수량표"를 작성하고, 수량표 아래쪽에 "방위표시와 막대축척"을 그려 넣으시오. (단, 전체 대상지의 길이를 고려하여 범례표의 폭을 조정할 수 있다.)

4) 도면의 전체적인 안정감을 위하여 "테두리선"을 넣으시오.

5) A-A' 단면도를 축척 1/100로 작성하시오. (지급용지 2)

설계조건

1) 해당 지역은 주택가 자투리 공간을 활용한 도로변 소공원으로, 공원의 특징을 고려하여 조경계획도를 작성하시오.

2) 포장지역을 제외한 곳에는 모두 식재를 계획하시오.(단, 녹지공간은 빗금 친 부분이며, 조건에 따라 플랜터, 화계, 수목보호대(1M×1M) 등도 공간 특성을 고려하여 식재하시오.)

3) 포장지역은 "점토벽돌, 데크, 화강석블럭, 고무칩" 등 적당한 재료를 선택하여 재료의 사용이 적합한 장소에 기호를 표현하고, 포장명을 반드시 기입하시오.

4) "가", "다" 지역은 "나", "라" 지역보다 1M 낮으며, 옹벽, 계단, 플랜트박스 등을 고려하여 설계하시오.

5) "가" 지역은 어린이놀이공간으로 조합놀이시설(8.0M×7.0M×H2.5M 및 미끄럼틀 3면, 철봉)과 여유공간을 활용해 수목보호대를 3개소 설치하시오. 또한, "A" 경계면은 옹벽으로 계획하고 적합한 상세도를 작성하시오.

6) "나" 지역은 휴식공간으로 파고라(3.0M×3.0M) 1개와 등벤치 2개를 설계하시오.

7) "다" 지역은 휴식공간으로 파고라(3.0M×3.0M) 1개를 설계하시오.

8) "라" 지역은 녹음을 즐길 수 있는 광장으로 수목보호대 6개, 평벤치 4개를 설계하시오.

9) "마" 지역은 마운딩 녹지공간으로 등고선 1개 높이는 30cm이며, 그중 1개소에 소나무와 계절성을 느낄 수 있는 수목으로 다층식재를 실시하시오.

9) 대상지 내에는 유도식재, 녹음식재, 경관식재, 소나무 군식 등의 식재 패턴을 필요한 곳에 배식하고, 필요에 따라 수목보호대, 조명등, 휴지통을 적절한 위치에 설치하시오.

10) 관목의 식재기준은 m당 10주 식재를 적용하고, 10주 단위로 군식하는 것을 원칙으로 하시오.

11) 수목은 아래에 주어진 수종에서 종류가 다른 12가지를 선정하여 공간에 부합되는 식재 (교목은 30주 이상, 관목은 300주 이상)를 계획하고, 인출선을 이용하여 수량, 수종명칭, 규격을 반드시 표기하시오.

> 개나리(H1.2×5가지), 계수나무(H2.5×R6), 구상나무(H1.5×W0.6), 광나무(H1.5×W0.6), 금목서 (H2.0×R6), 금송(H2.5×W1.2), 꽝꽝나무(H0.3×W0.4), 낙상홍(H1.5×W0.4), 남천(H1.5×5가지), 느티나무(H3.0×R6), 느티나무(H4.5×R20), 단풍나무(H2.5×R8), 대추나무(H2.5×R6), 독일가문비(H3.0×W1.5), 돈나무(H1.5×W1.0), 동백나무(H2.5×R8), 마가목(H3.0×R12), 매화나무(H2.0×R4), 먼나무(H2.0×R5), 메타세쿼이아(H4.0×R8), 모감주나무(H3.0×R8), 모과나무(H3.0×R8), 미선나무(H1.2×5가지), 무궁화(H1.0×W0.3), 박태기나무(H1.0×W0.4), 배롱나무(H2.5×R6), 백목련(H3.0×R10), 백당나무(H1.5×W0.8), 복자기(H3.5×R15), 병꽃나무 (H1.0×W0.6), 사철나무(H1.0×W0.3), 산딸나무(H2.5×R6), 수국(H0.3×W0.4), 산수유(H2.5 ×R8), 산철쭉(H0.3×W0.3), 쉬땅나무(H1.2×W0.6), 소나무(H3.0×W1.5×R10), 소나무(H4.0 ×W2.0×R15), 소나무(H5.0×W2.5×R20), 신갈나무(H3.0×R8), 수수꽃다리(H2.0×W0.8), 스트로브잣나무(H2.0×W1.0), 앵도나무(H1.5×W0.8), 인동덩굴(L2.0), 왕벚나무(H4.5×B10), 은행나무(H4.0×B10), 이팝나무(H3.5×R12), 자귀나무(H3.5×R12), 진달래(H0.4×W0.3), 자작나무(H2.5×B5), 조릿대(H0.6×W0.3), 작살나무(H1.2×W0.4), 잣나무(H2.0×W1.0), 주목(H2.0×W1.0), 중국단풍(H2.5×R6), 쥐똥나무(H1.0×W0.3), 측백나무(H2.0×W0.6), 층층나무 (H3.5×R8), 칠엽수(H3.5×R12), 태산목(H1.5×W0.5), 후박나무(H3.0×R8), 화살나무(H0.6× W0.3), 회양목(H0.3×W0.3), 흰말채나무(H1.0×W0.4), 감국(8cm), 구절초(8cm), 금계국(10cm), 노랑꽃창포(8cm), 둥글레(10cm), 맥문동(8cm), 벌개미취(8cm), 부들(8cm). 부처꽃(8cm), 붓꽃 (10cm), 비비추(2~3분얼), 수호초(10cm), 애기나리(10cm), 옥잠화(2~3분얼), 원추리(2~3분얼), 잔디(0.3×0.3×0.03), 제비꽃(8cm), 털부처꽃(8cm), 패랭이꽃(8cm), 해국(8cm)

※ 규격이 다른 소나무 수종은 종류가 다른 수종으로 판단하지 않으며, 12가지에 포함 기재 시 1개 종으로 간주함.

12) A-A'단면도는 현황도의 계획고를 고려해 경사, 포장재료, 경계선, 주변 수목, 주요시설물, 이용자(사람) 등을 반드시 표기하고, 보조선을 그어 공간 및 높이 차를 한눈에 볼 수 있도록 설계하시오.

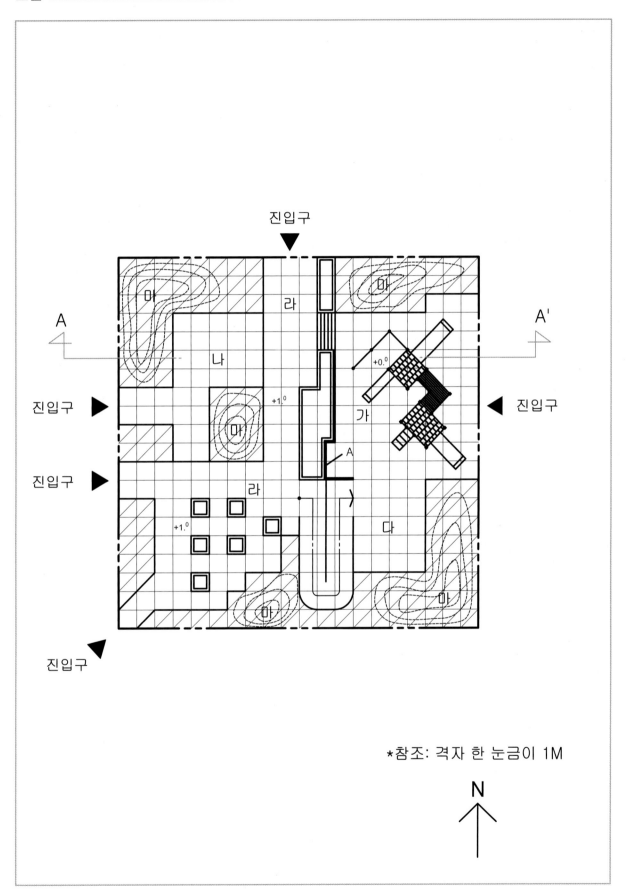

*참조: 격자 한 눈금이 1M

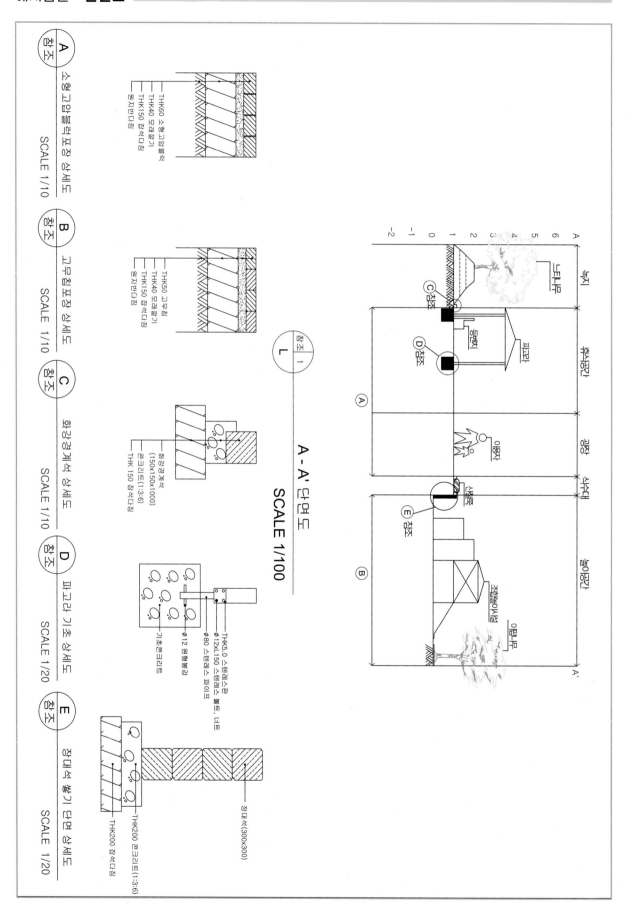

참조 A
소형고압블럭포장 상세도
SCALE 1/10

THK60 소형고압블럭
THK40 모래깔기
THK150 잡석다짐
원지반다짐

참조 B
고무칩포장 상세도
SCALE 1/10

THK50 고무칩
THK40 모래깔기
THK150 잡석다짐
원지반다짐

참조 L 1
A - A' 단면도
SCALE 1/100

참조 C
화강경계석 상세도
SCALE 1/10

화강경계석
(150x150x1000)
콘크리트(1:3:6)
THK 150 잡석다짐

참조 D
파고라 기초 상세도
SCALE 1/20

THK5.0 스텐레스판
Ø12x150 스텐레스 볼트, 너트
Ø80 스텐레스 파이프
Ø12 앵커볼트
기초콘크리트

참조 E
장대석 쌓기 단면 상세도
SCALE 1/20

장대석(300x300)
THK200 콘크리트(1:3:6)
THK200 잡석다짐

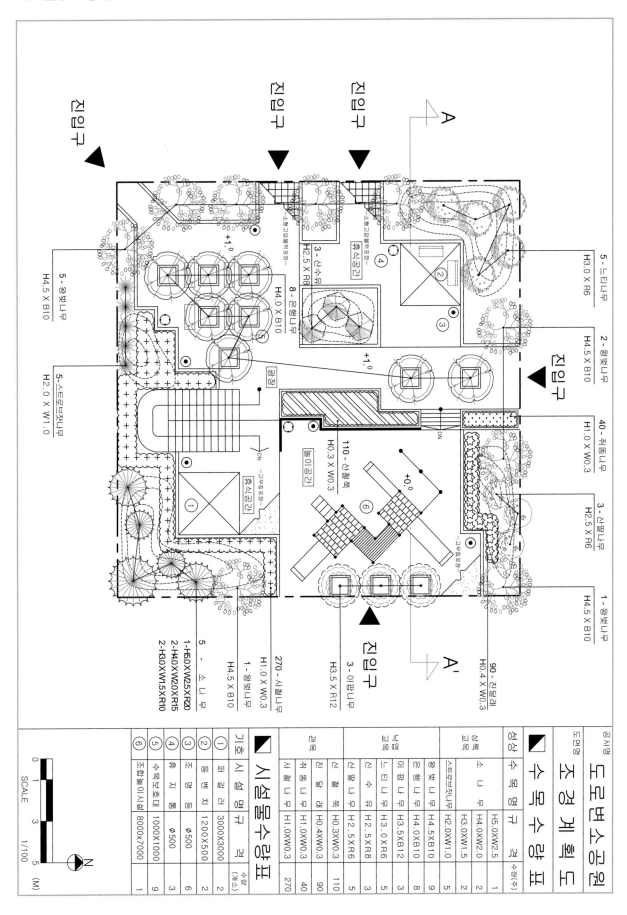

16 도로변소공원[야생화, 방향식물. 램프]

설계문제

우리나라 중부지역에 위치한 도로변의 빈 공간에 대한 조경설계를 하고자 한다. 주어진 도면을 참조하여 요구사항 및 조건들에 합당한 조경계획도 및 단면도를 작성하시오. (단, 이점쇄선 안 부분을 조경설계 대상지로 한다.)

✎ 요구사항

1) 식재 평면도를 위주로 한 조경계획도를 축척 1/100로 작성하시오. (지급용지 1)

2) 도면 오른쪽 위에 작업명칭을 작성하시오.

3) 도면 오른쪽에는 "중요시설물 수량표와 수목(식재)수량표"를 작성하고, 수량표 아래쪽에 "방위표시와 막대축척"을 그려 넣으시오. (단, 전체 대상지의 길이를 고려하여 범례표의 폭을 조정할 수 있다.)

4) 도면의 전체적인 안정감을 위하여 "테두리선"을 넣으시오.

5) A-A' 단면도를 축척 1/100로 작성하시오. (지급용지 2)

🏠 설계조건

1) 해당 지역은 주택가 자투리 공간을 활용한 도로변 소공원으로, 공원의 특징을 고려하여 조경계획도를 작성하시오.

2) 포장지역을 제외한 곳에는 모두 식재를 계획하시오. (단, 녹지공간은 빗금 친 부분이며, 조건에 따라 플랜터, 화계, 수목보호대(1M×1M) 등도 공간 특성을 고려하여 식재하시오.)

3) 포장지역은 "점토벽돌, 데크, 화강석블럭, 고무칩" 등 적당한 재료를 선택하여 재료의 사용이 적합한 장소에 기호를 표현하고, 포장명을 반드시 기입하시오.

4) "가" 지역은 휴게공간으로 "다" 지역과의 높이 차이는 계단, 플랜트박스, 램프로 처리하시오. 또한, 파고라(3M×3M) 1개소, 등벤치 2개소, 야생화/방향식물 5종을 설계하시오.

5) "나" 지역은 어린이놀이공간으로 조합놀이시설(8.0M×6.0M×H2.5M 및 미끄럼틀 3면, 철봉)과 여유공간을 활용해 수목보호대를 5개소 설치하시오.

6) "다" 지역의 보행공간은 "가", "라" 지역과 1M의 높이 차이가 있으며, 평벤치 5개소를 설치하시오.

7) "라" 지역은 놀이공간으로 모래놀이터(4.0M×3.0M)와 터널형 놀이시설(4.2M×3.0M)을 각각 설치하고, 적절한 곳에 등벤치 2개소와 음수대를 설치하시오.

8) "마" 지역은 마운딩 녹지공간으로 등고선 1개 높이는 30cm이며, 그중 1개소에 소나무와 계절성을 느낄 수 있는 수목으로 다층식재를 실시하시오.

9) 대상지 내에는 유도식재, 녹음식재, 경관식재, 소나무 군식 등의 식재 패턴을 필요한 곳에 배식하고, 필요에 따라 수목보호대, 조명등, 휴지통을 적절한 위치에 설치하시오.

10) 관목의 식재기준은 m당 10주 식재를 적용하고, 10주 단위로 군식하는 것을 원칙으로 하시오.

11) 수목은 아래에 주어진 수종에서 종류가 다른 12가지를 선정하여 공간에 부합되는 식재(교목은 30주 이상, 관목은 300주 이상)를 계획하고, 인출선을 이용하여 수량, 수종명칭, 규격을 반드시 표기하시오.

> 개나리(H1.2×5가지), 계수나무(H2.5×R6), 구상나무(H1.5×W0.6), 광나무(H1.5×W0.6), 금목서(H2.0×R6), 금송(H2.5×W1.2), 꽝꽝나무(H0.3×W0.4), 낙상홍(H1.5×W0.4), 남천(H1.5×5가지), 느티나무(H3.0×R6), 느티나무(H4.5×R20), 단풍나무(H2.5×R8), 대추나무(H2.5×R6), 독일가문비(H3.0×W1.5), 돈나무(H1.5×W1.0), 동백나무(H2.5×R8), 마가목(H3.0×R12), 매화나무(H2.0×R4), 먼나무(H2.0×R5), 메타세쿼이아(H4.0×R8), 모감주나무(H3.0×R8), 모과나무(H3.0×R8), 미선나무(H1.2×5가지), 무궁화(H1.0×W0.3), 박태기나무(H1.0×W0.4), 배롱나무(H2.5×R6), 백목련(H3.0×R10), 백당나무(H1.5×W0.8), 복자기(H3.5×R15), 병꽃나무(H1.0×W0.6), 사철나무(H1.0×W0.3), 산딸나무(H2.5×R6), 수국(H0.3×W0.4), 산수유(H2.5×R8), 산철쭉(H0.3×W0.3), 쉬땅나무(H1.2×W0.6), 소나무(H3.0×W1.5×R10), 소나무(H4.0×W2.0×R15), 소나무(H5.0×W2.5×R20), 신갈나무(H3.0×R8), 수수꽃다리(H2.0×W0.8), 스트로브잣나무(H2.0×W1.0), 앵도나무(H1.5×W0.8), 인동덩굴(L2.0), 왕벚나무(H4.5×B10), 은행나무(H4.0×B10), 이팝나무(H3.5×R12), 자귀나무(H3.5×R12), 진달래(H0.4×W0.3), 자작나무(H2.5×B5), 조릿대(H0.6×W0.3), 작살나무(H1.2×W0.4), 잣나무(H2.0×W1.0), 주목(H2.0×W1.0), 중국단풍(H2.5×R6), 쥐똥나무(H1.0×W0.3), 측백나무(H2.0×W0.6), 층층나무(H3.5×R8), 칠엽수(H3.5×R12), 태산목(H1.5×W0.5), 후박나무(H3.0×R8), 화살나무(H0.6×W0.3), 회양목(H0.3×W0.3), 흰말채나무(H1.0×W0.4), 감국(8cm), 구절초(8cm), 금계국(10cm), 노랑꽃창포(8cm), 둥글레(10cm), 맥문동(8cm), 벌개미취(8cm), 부들(8cm). 부처꽃(8cm), 붓꽃(10cm), 비비추(2~3분얼), 수호초(10cm), 애기나리(10cm), 옥잠화(2~3분얼), 원추리(2~3분얼), 잔디(0.3×0.3×0.03), 제비꽃(8cm), 털부처꽃(8cm), 패랭이꽃(8cm), 해국(8cm)

※ 규격이 다른 소나무 수종은 종류가 다른 수종으로 판단하지 않으며, 12가지에 포함 기재 시 1개 종으로 간주함

12) A-A'단면도는 현황도의 계획고를 고려해 경사, 포장재료, 경계선, 주변 수목, 주요시설물, 이용자(사람) 등을 반드시 표기하고, 보조선을 그어 공간 및 높이 차를 한눈에 볼 수 있도록 설계하시오.

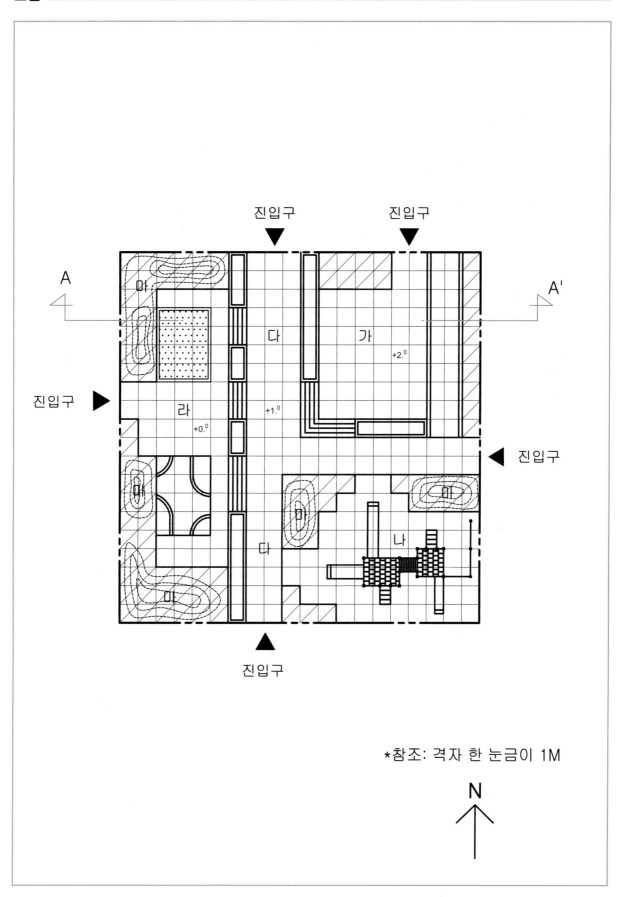

*참조: 격자 한 눈금이 1M

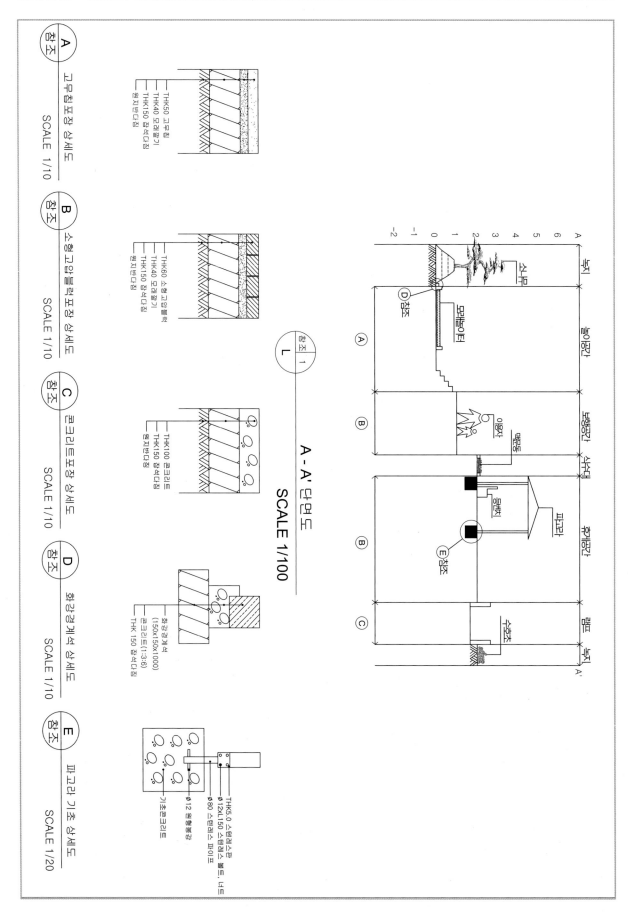

A-A' 단면도

SCALE 1/100

참조 L·1

A 참조 고무칩포장 상세도 SCALE 1/10

- THK50 고무칩
- THK40 모래깔기
- THK150 잡석다짐
- 원지반다짐

B 참조 소형고압블럭포장 상세도 SCALE 1/10

- THK60 소형고압블럭
- THK40 모래깔기
- THK150 잡석다짐
- 원지반다짐

C 참조 콘크리트포장 상세도 SCALE 1/10

- THK100 콘크리트
- THK150 잡석다짐
- 원지반다짐

D 참조 화강경계석 상세도 SCALE 1/10

- 화강경계석
- (150x150x1000)
- 콘크리트(1:3:6)
- THK 150 잡석다짐

E 참조 파고라 기초 상세도 SCALE 1/20

- THK5.0 스텐레스판
- Ø12x150 스텐레스
- Ø80 스텐레스 파이프
- Ø12 원형볼트
- 기초콘크리트

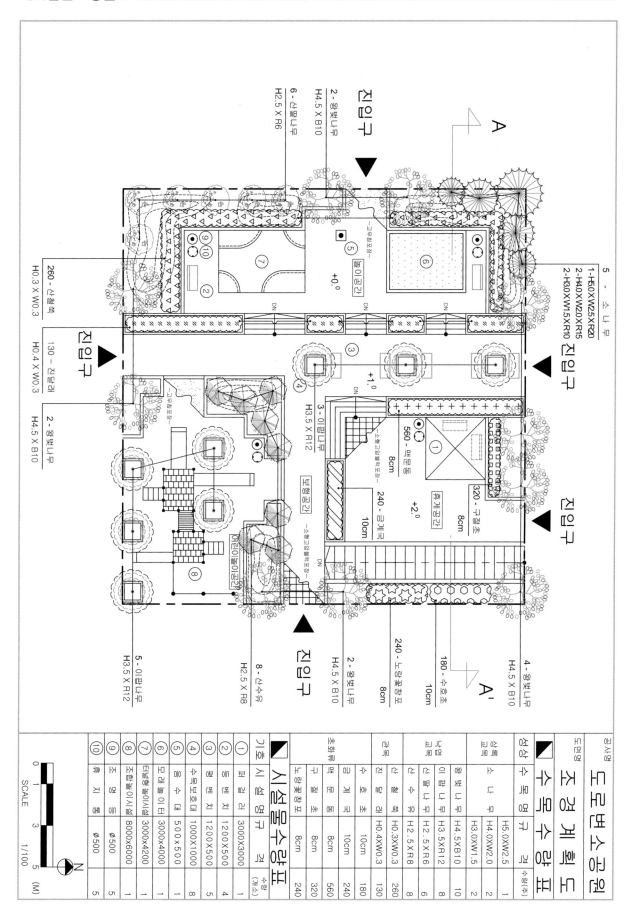

🔢 도로변소공원[데크생태연못]

설계문제

우리나라 중부지역에 위치한 도로변의 빈 공간에 대한 조경설계를 하고자 한다. 주어진 도면을 참조하여 요구사항 및 조건들에 합당한 조경계획도 및 단면도를 작성하시오. (단, 이점쇄선 안 부분을 조경설계 대상지로 한다.)

✏️ 요구사항

1) 식재 평면도를 위주로 한 조경계획도를 축척 1/100로 작성하시오. (지급용지 1)
2) 도면 오른쪽 위에 작업명칭을 작성하시오.
3) 도면 오른쪽에는 "중요시설물 수량표와 수목(식재)수량표"를 작성하고, 수량표 아래쪽에 "방위표시와 막대축척"을 그려 넣으시오. (단, 전체 대상지의 길이를 고려하여 범례표의 폭을 조정할 수 있다.)
4) 도면의 전체적인 안정감을 위하여 "테두리선"을 넣으시오.
5) A-A' 단면도를 축척 1/100로 작성하시오. (지급용지 2)

⚙️ 설계조건

1) 대상지는 도로변 자투리공간에 휴게, 어린이놀이를 목적으로 하는 도로변소공원으로 계획하시오.
2) 포장지역을 제외한 곳에는 모두 식재를 계획하시오.(단, 녹지공간은 빗금 친 부분이며, 조건에 따라 플랜터, 화계, 수목보호대(1M×1M) 등도 공간 특성을 고려하여 식재하시오.)
3) 포장지역은 "점토벽돌, 데크, 화강석블럭, 고무칩" 등 적당한 재료를 선택하여 재료의 사용이 적합한 장소에 기호를 표현하고, 포장명을 반드시 기입하시오.
4) "가" 지역은 진입공간으로 수목보호대 3개소에 낙엽활엽수와 등의자 3개소를 설계하시오.
5) "나" 지역은 어린이놀이공간으로 조합놀이시설(7.5m×5m×H2.5m)과 수목보호대 3개소를 설계하시오.
6) "다" 지역은 생태연못으로 20cm씩 낮아지도록 설계하며 주변에 관찰용 목재 데크(폭 1m, 난간높이 1m, 길이 18m)를 설치하시오.
7) "라" 지역은 휴식공간으로 퍼걸러(3m×3m) 1개, 등의자 2개를 설치하시오.
8) "마" 지역은 마운딩 녹지공간으로 등고선 1개 높이는 30cm이며, 이를 고려한 식재를 하시오.
9) "바" 지역은 운동공간으로 운동시설 3종을 설계하시오.
10) "나" 지역과 "가", "라", "바" 지역의 높이 차이는 1m로 석축(상세도 필수), 계단, 플랜트박스 등을 활용하여 설계하시오.

11) 대상지 내에는 유도식재, 녹음식재, 경관식재, 소나무 군식 등의 식재 패턴을 필요한 곳에 배식하고, 필요에 따라 수목보호대, 조명등, 휴지통을 적절한 위치에 설치하시오.

12) 관목의 식재기준은 m당 10주 식재를 적용하고, 10주 단위로 군식하는 것을 원칙으로 하시오.

13) 수목은 아래에 주어진 수종에서 종류가 다른 12가지를 선정하여 공간에 부합되는 식재(교목은 30주 이상, 관목은 300주 이상)를 계획하고, 인출선을 이용하여 수량, 수종명칭, 규격을 반드시 표기하시오.

> 개나리(H1.2×5가지), 계수나무(H2.5×R6), 구상나무(H1.5×W0.6), 광나무(H1.5×W0.6), 금목서(H2.0×R6), 금송(H2.5×W1.2), 꽝꽝나무(H0.3×W0.4), 낙상홍(H1.5×W0.4), 남천(H1.5×5가지), 느티나무(H3.0×R6), 느티나무(H4.5×R20), 단풍나무(H2.5×R8), 대추나무(H2.5×R6), 독일가문비(H3.0×W1.5), 돈나무(H1.5×W1.0), 동백나무(H2.5×R8), 마가목(H3.0×R12), 매화나무(H2.0×R4), 먼나무(H2.0×R5), 메타세쿼이아(H4.0×R8), 모감주나무(H3.0×R8), 모과나무(H3.0×R8), 미선나무(H1.2×5가지), 무궁화(H1.0×W0.3), 박태기나무(H1.0×W0.4), 배롱나무(H2.5×R6), 백목련(H3.0×R10), 백당나무(H1.5×W0.8), 복자기(H3.5×R15), 병꽃나무(H1.0×W0.6), 사철나무(H1.0×W0.3), 산딸나무(H2.5×R6), 수국(H0.3×W0.4), 산수유(H2.5×R8), 산철쭉(H0.3×W0.3), 쉬땅나무(H1.2×W0.6), 소나무(H3.0×W1.5×R10), 소나무(H4.0×W2.0×R15), 소나무(H5.0×W2.5×R20), 신갈나무(H3.0×R8), 수수꽃다리(H2.0×W0.8), 스트로브잣나무(H2.0×W1.0), 앵도나무(H1.5×W0.8), 인동덩굴(L2.0), 왕벚나무(H4.5×B10), 은행나무(H4.0×B10), 이팝나무(H3.5×R12), 자귀나무(H3.5×R12), 진달래(H0.4×W0.3), 자작나무(H2.5×B5), 조릿대(H0.6×W0.3), 작살나무(H1.2×W0.4), 잣나무(H2.0×W1.0), 주목(H2.0×W1.0), 중국단풍(H2.5×R6), 쥐똥나무(H1.0×W0.3), 측백나무(H2.0×W0.6), 층층나무(H3.5×R8), 칠엽수(H3.5×R12), 태산목(H1.5×W0.5), 후박나무(H3.0×R8), 화살나무(H0.6×W0.3), 회양목(H0.3×W0.3), 흰말채나무(H1.0×W0.4), 감국(8cm), 구절초(8cm), 금계국(10cm), 노랑꽃창포(8cm), 둥글레(10cm), 맥문동(8cm), 벌개미취(8cm), 부들(8cm). 부처꽃(8cm), 붓꽃(10cm), 비비추(2~3분얼), 수호초(10cm), 애기나리(10cm), 옥잠화(2~3분얼), 원추리(2~3분얼), 잔디(0.3×0.3×0.03), 제비꽃(8cm), 털부처꽃(8cm), 패랭이꽃(8cm), 해국(8cm)

※ 규격이 다른 소나무 수종은 종류가 다른 수종으로 판단하지 않으며, 12가지에 포함 기재시 1개 종으로 간주함.

14) A-A'단면도는 현황도의 계획고를 고려해 경사, 포장재료, 경계선, 주변 수목, 주요시설물, 이용자(사람) 등을 반드시 표기하고, 보조선을 그어 공간 및 높이 차를 한눈에 볼 수 있도록 설계하시오.

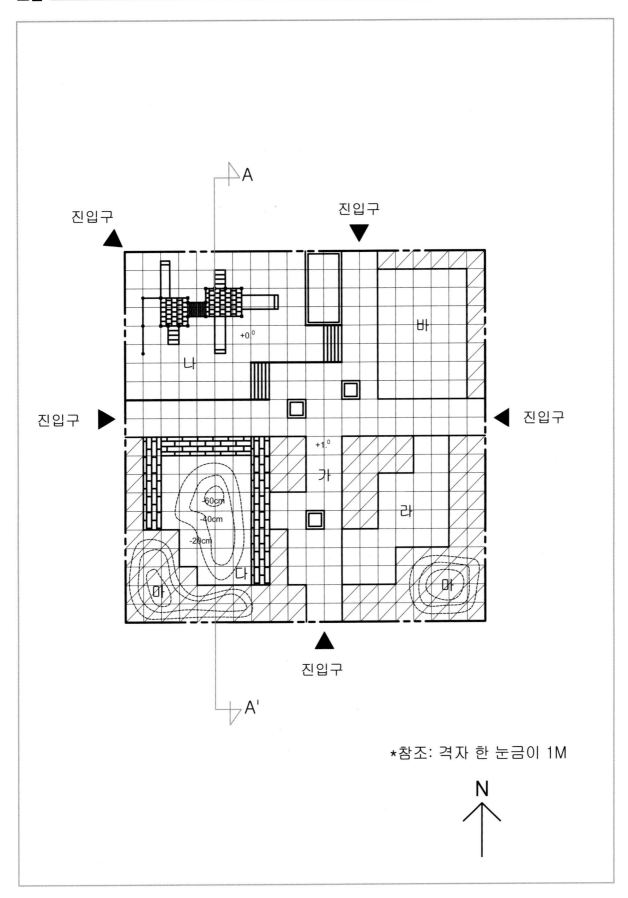

진입구

진입구

진입구

진입구

진입구

A

A'

나

바

카

라

다

마

아

+0.0

+1.0

-60cm

-40cm

-20cm

*참조: 격자 한 눈금이 1M

N

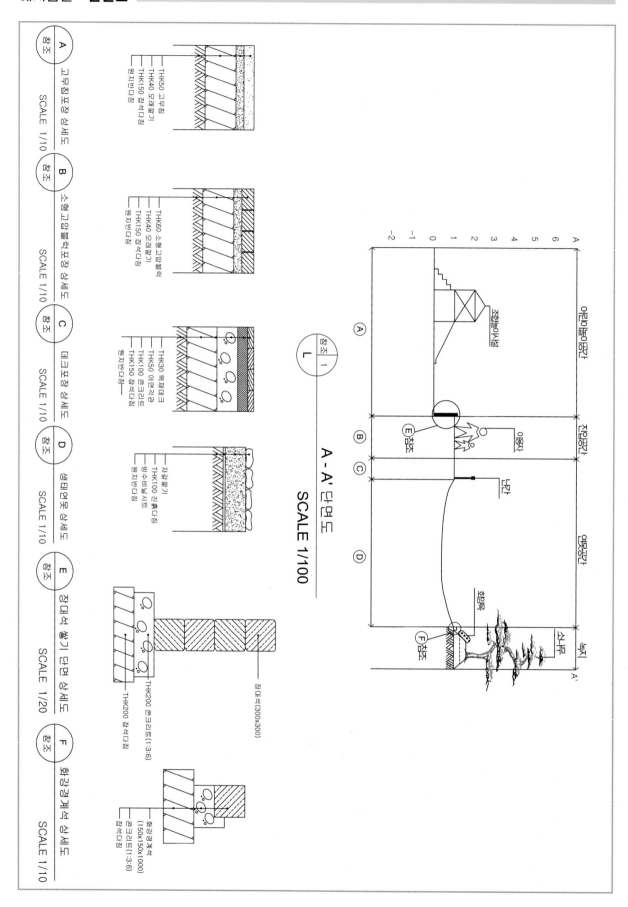

A 참조 고무칩포장 상세도 SCALE 1/10
THK50 고무칩
THK40 모래깔기
THK150 잡석다짐
원지반다짐

B 참조 소형고압블럭포장 상세도 SCALE 1/10
THK60 소형고압블럭
THK40 모래깔기
THK150 잡석다짐
원지반다짐

C 참조 데크포장 상세도 SCALE 1/10
THK30 목재데크
THK50 아연각파이프
THK100 콘크리트
THK150 잡석다짐
원지반다짐

D 참조 생태연못 상세도 SCALE 1/10
자갈깔기
THK100 진흙다짐
방수비닐시트
원지반다짐

E 참조 경계석 쌓기 단면 상세도 SCALE 1/20
경계석(300x300)
THK200 콘크리트(1:3:6)
THK200 잡석다짐

F 참조 화강경계석 상세도 SCALE 1/10
화강경계석
(150x150x1000)
콘크리트(1:3:6)
잡석다짐

참조 1 L
A - A' 단면도
SCALE 1/100

어린이놀이공간
진입공간
옛공간
녹지

조합놀이시설
E참조
이용자
난간
호안목
F참조
소나무

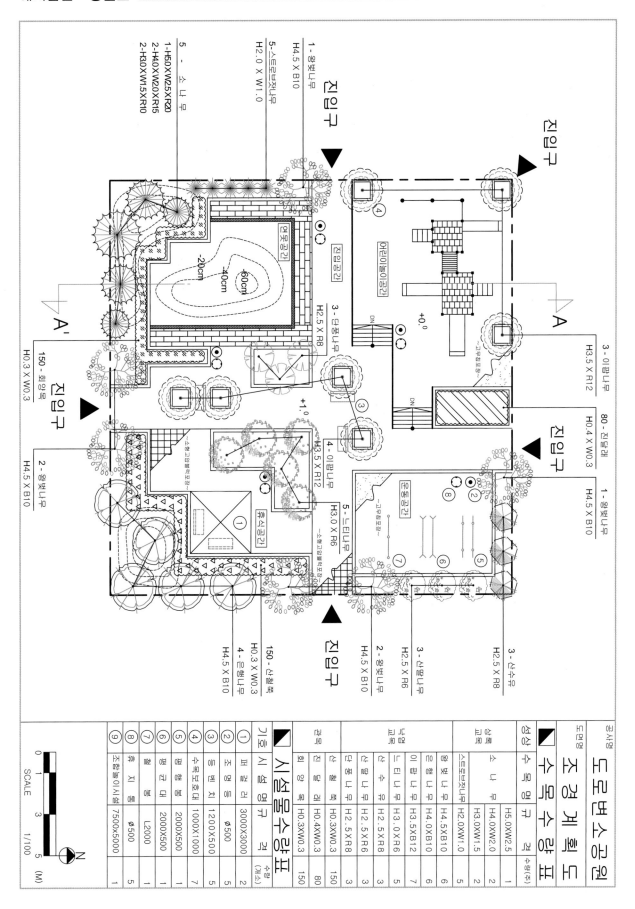

18 도로변소공원[도시농업텃밭]

설계문제

우리나라 중부지역에 위치한 도로변의 빈 공간에 대한 조경설계를 하고자 한다. 주어진 도면을 참조하여 요구사항 및 조건들에 합당한 조경계획도 및 단면도를 작성하시오. (단, 이점쇄선 안 부분을 조경설계 대상지로 한다.)

요구사항

1) 식재 평면도를 위주로 한 조경계획도를 축척 1/100로 작성하시오. (지급용지 1)
2) 도면 오른쪽 위에 작업명칭을 작성하시오.
3) 도면 오른쪽에는 "중요시설물 수량표와 수목(식재)수량표"를 작성하고, 수량표 아래쪽에 "방위표시와 막대축척"을 그려 넣으시오. (단, 전체 대상지의 길이를 고려하여 범례표의 폭을 조정할 수 있다.)
4) 도면의 전체적인 안정감을 위하여 "테두리선"을 넣으시오.
5) A-A' 단면도를 축척 1/100로 작성하시오. (지급용지 2)

설계조건

1) 해당 지역은 도로변의 자투리 공간을 이용하여 공연 및 어린이들이 즐길 수 있는 도로변 소공원으로, 공원의 특징을 고려하여 조경계획도를 작성하시오.
2) 포장지역을 제외한 곳에는 모두 식재를 계획하시오. (단, 녹지공간은 빗금 친 부분이며, 분위기를 고려하여 식재를 한다.)
3) "가" 지역은 이동공간으로 바닥포장은 화강석블록을 활용하여 포장하고, 가운데 녹지는 크기가 다른 소나무 3종 식재와 계절성을 느낄 수 있도록 다른 수목을 조화롭게 식재하시오.
5) "나" 지역은 유아놀이공간으로 바닥포장은 고무칩을 활용하여 포장하고, 모래터(3,000×3,000)와 유아놀이집, 평의자 2개를 설치하시오.
6) "다" 지역은 휴게공간으로 "가" 지역에 비해 1M가 높으며, 바닥포장은 마사토를 활용하여 포장하고, 파고라(3,000×3,000)과 등의자 2개를 설치하시오.
7) "라", "마", "바" 지역은 3단 옹벽 화계단으로 0.3M씩 올라가는 형태를 띠고 있으며, 각각 초화류, 관목, 교목(녹음수 3종) 등을 활용하여 다층식재를 적절하게 실시하시오.
8) "사" 지역은 텃밭으로 구성하고, 임의의 작물 3종을 심으시오.
9) 대상지 내에는 유도식재, 녹음식재, 경관식재, 소나무 군식 등의 식재 패턴을 필요한 곳에 배식하고, 필요에 따라 수목보호대를 추가로 설치하여 포장 내에 식재를 하시오. 또한, 등고선은 1개당 20cm가 높은 녹지지역으로 계획하시오.

10) 수목은 아래에 주어진 수종에서 종류가 다른 12가지를 정하여 공산에 부합되는 식재를 계획하고, 인출선을 이용하여 수량, 수종명칭, 규격을 반드시 표기하시오.

금목서(H2.0×R6), 꽃사과(H2.5×R5), 꽝꽝나무(H0.3×W0.4), 낙상홍(H1.0×W0.4), 낙우송(H4.0×B12), 느티나무(H3.0×R6), 느티나무(H4.5×R20), 다정큼나무(H1.0×W0.6), 대왕참나무(H4.5×R20), 덜꿩나무(H1.0×W0.4), 돈나무(H1.5×W1.0), 동백나무(H2.5×B8), 마가목(H3.0×R12), 매화나무(H2.0×R4), 먼나무(H2.0×R5), 메타세쿼이아(H4.0×B8), 명자나무(H0.6×W0.4), 모과나무(H3.0×R8), 목련(H3.0×R10), 무궁화(H1.0×W0.2), 박태기나무(H1.0×W0.4), 배롱나무(H2.5×R6), 백철쭉(H0.3×W0.3), 백합나무(H4.0×R10), 버즘나무(H3.5×B8), 병꽃나무(H1.0×W0.6), 사철나무(H1.0×W0.3), 산딸나무(H2.5×R6), 산수국(H0.3×W0.4), 산수유(H2.0×R7), 산철쭉(H0.3×W0.3), 서양측백(H1.2×W0.4), 소나무(H3.0×W1.5×R10), 소나무(H4.0×W2.0×R15), 소나무(H5.0×W2.5×R20), 소나무(둥근형)(H1.2×W1.5), 수수꽃다리(H2.0×W0.8), 스트로브잣나무(H2.0×W1.0), 아왜나무(H1.5×W0.8), 영산홍(H0.3×W0.3), 왕벚나무(H4.5×B10), 은행나무(H4.0×B10), 이팝나무(H3.5×R12), 자귀나무(H3.5×R12), 자산홍(H0.3×W0.3), 자작나무(H2.5×B5), 조릿대(H0.6×W0.3), 좀막살나무(H1.2×W0.4), 주목(둥근형)(H0.3×W0.3), 주목(선형)(H2.0×W1.0), 중국단풍(H2.5×B6), 쥐똥나무(H1.0×W0.3), 청단풍(H2.5×R8), 층층나무(H3.5×R8), 칠엽수(H3.5×R12), 태산목(H1.5×W0.5), 홍단풍(H3.0×R10), 화살나무(H0.6×W0.3), 회양목(H0.3×W0.3), 갈대(8cm), 감국(8cm), 구절초(8cm), 금계국(10cm), 노란꽃창표(8cm), 둥글레(10cm), 맥문동(8cm), 벌개미취(8cm), 부들(8cm), 부처꽃(8cm), 붓꽃(10cm), 비비추(2~3분얼), 수호초(10cm), 애기나리(10cm), 옥잠화(2~3분얼), 원추리(2~3분얼), 잔디(0.3×0.3×0.3), 제비꽃(8cm), 털부처꽃(8cm), 패랭이꽃(8cm), 해국(8cm)

※ 규격이 다른 소나무 수종은 종류가 다른 수종으로 판단하지 않으며, 12가지에 포함 기재 시 1개 종으로 간주함.

11) A-A'단면도는 경사, 포장재료, 경계선 및 기타 시설물의 기초, 주변의 수목, 중요시설물, 이용자 등을 단면도상에 반드시 표시하고 높이 차를 한눈에 볼 수 있도록 설계하시오.

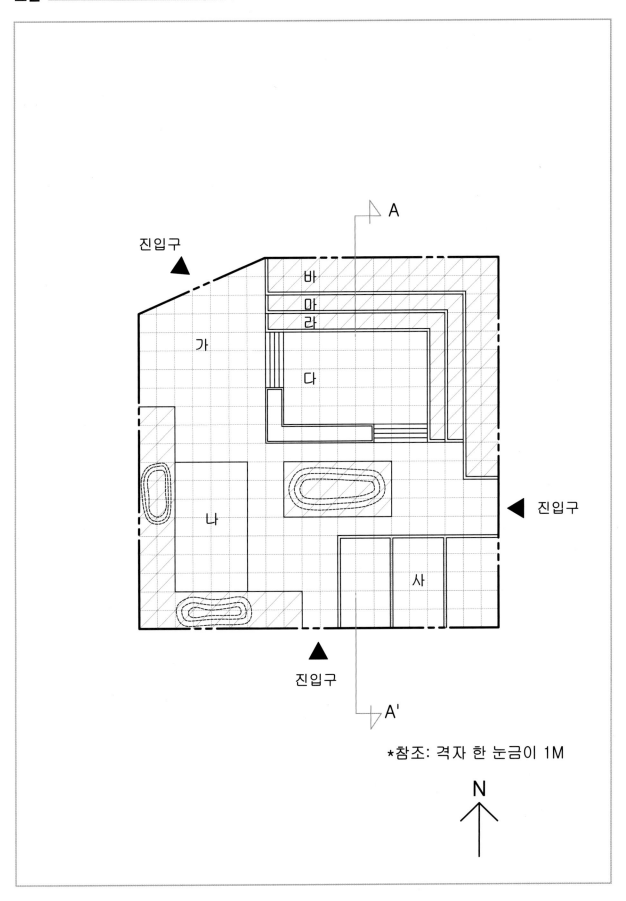

A

진입구

바
마
라

가

다

진입구

나

사

진입구

A'

*참조: 격자 한 눈금이 1M

N

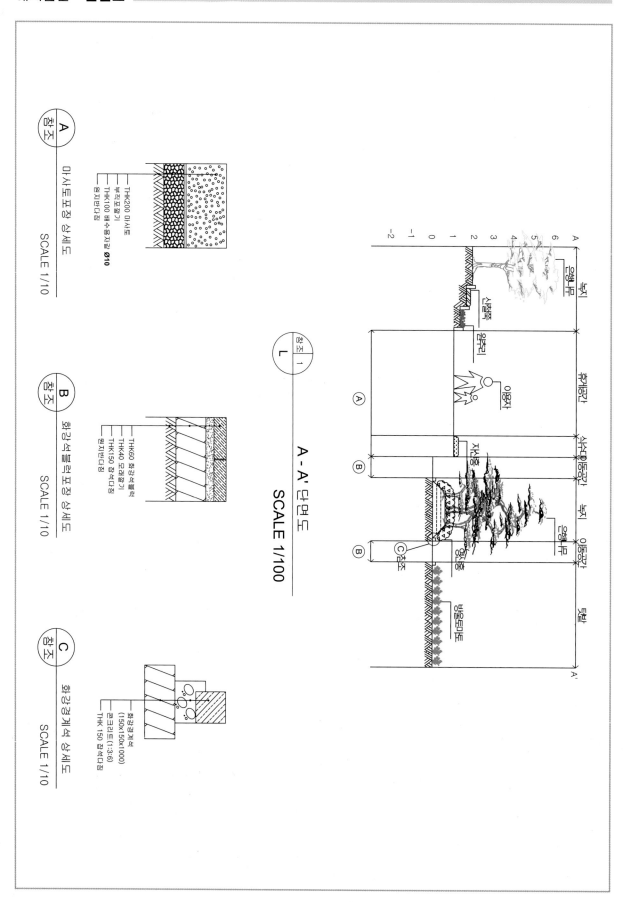

참조 A
마사토포장 상세도
SCALE 1/10

- THK200 마사토
- 부직포깔기
- THK100 배수용자갈 Ø10
- 원지반다짐

참조 L 1

A - A' 단면도
SCALE 1/100

참조 B
환강석블럭포장 상세도
SCALE 1/10

- THK60 환강석블럭
- THK40 모래깔기
- THK150 잡석다짐
- 원지반다짐

참조 C
환강경계석 상세도
SCALE 1/10

- 환강경계석
  (150x150x1000)
- 콘크리트(1:3:6)
- THK 150 잡석다짐

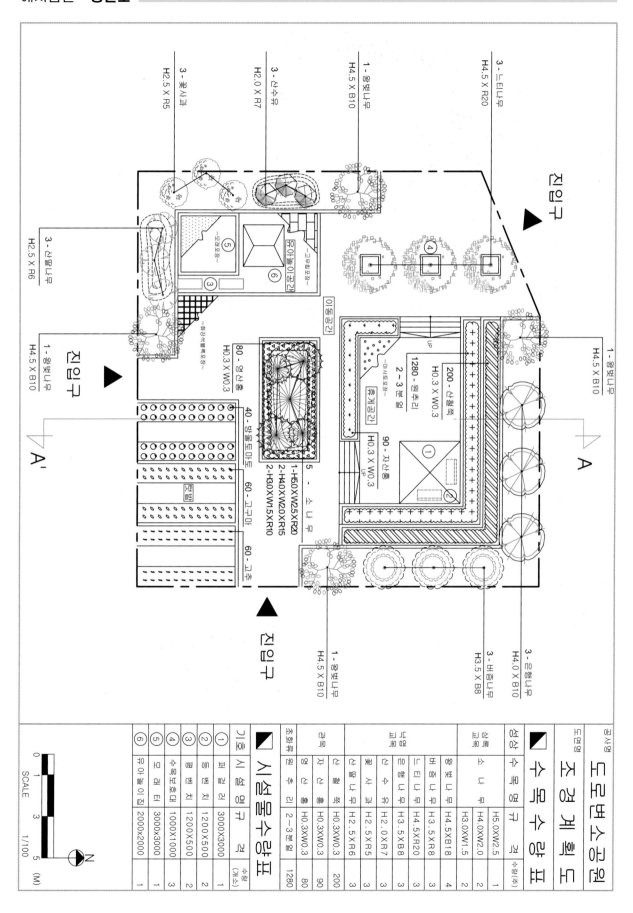

공사명	도로변소공원		
도면명	조경계획도		
	수목수량표		

성상	수목명	규격	수량(주)
교목	소나무	H5.0XW2.5	1
		H4.0XW2.0	2
		H3.0XW1.5	2
	왕벚나무	H4.5XB18	4
	버즘나무	H3.5XR8	3
	느티나무	H4.5XR20	3
	산수유	H2.5XR8	3
	꽃사과	H2.5XR5	3
	산딸나무	H2.0XR7	3
	은행나무	H3.5XB8	3
관목	산철쭉	H0.3XW0.3	200
	자산홍	H0.3XW0.3	90
	영산홍	H0.3XW0.3	80
초화류	맥문동	2~3분얼	1280

	시설물수량표		
	시설명	규격	수량(개소)
①	기둥	3000X3000	1
②	이벤치	1200X3000	2
③	안내판	1200X500	2
④	수목보호대	1000X1000	3
⑤	모래터	3000X3000	1
⑥	쿠어볼이집	2000x2000	1

SCALE 0 1 3 5 (M) 1/100

N

PART
II

조경시공
작업형 & 구술형

1 시험장에 비치된 작업용구

식재교목, 삽, 퇴비, 전지가위, 물조리개, 새끼줄, 죽쑤기 용구, 녹화마대, 점토 등

※ 시험장에 따라 변경될 수 있음

2 작업순서

01 소나무 식재

순서	핵심 키워드	세부내용	
1	표토 걷기	10~20cm 깊이까지 흙을 걷는다.	한쪽에 모아둔다.
2	구덩이 파기	뿌리분 넓이 1.5~3배, 깊이 2~3배[분높이, 퇴비, 표토 고려]	돌, 나뭇가지 등 각종 이물질 제거
3	밑거름 넣기	1삽 정도 구덩이에 불룩하게 넣는다.	팠던 흙 말고 주변 흙을 이용한다.
4	표토 넣기	5~6cm 정도가 적당하다.	모아둔 표토를 이용한다.
5	나무 넣기	전생지 방향	전에 심어진 방향을 우선으로 한다.
6	흙 채우기[70%]	구덩이를 파서 모아둔 흙	
7	관수[물주기]	충분히 준다.	
8	물죽쑤기	뿌리접촉 금지, 공극률을 없앤다.	막대기/삽으로 뿌리분 주변을 찔러 돌려준다.[공기제거, 미세뿌리와 흙 접촉 좋게 함]
9	흙 채우기[30%]	구덩이에 나머지 흙을 모두 채운다.	흙을 모두 채운 후 나무를 살짝 들어 올리면서 발뒷꿈치로 다진다.
10	물집 만들기	근경 20~30cm, 높이 10cm	구덩이 판 흙 말고 주변 흙 이용
11	관수[물주기]	충분히 준다.	$1m^2$당 6~8L 정도
12	멀칭	짚, 거적, 낙엽 등	수분증발[잡초발생억제, 미생물과 지온보존 등]
13	전정	전정가위를 이용한다.	T/R율을 좋게 한다.[수형에 지장이 없는 가지치기]

순서	핵심 키워드	세부내용	
14	주변정리 및 청소	레이크로 주변 평탄작업 및 청소를 한다.	
15	장비 정리정돈		원상복구
16	해체	감독관 지시에 따른다.	원상복구

02 수피감기 : 새끼줄+황토흙

순서	핵심 키워드	세부내용	
1	새끼줄 세우기	10cm 정도 길이	나무뒤쪽바닥에서 수직으로 세우기
2	감아올리기	줄길이[약 1.5m]	수간아래서부터 위로 새끼줄을 촘촘히 감아올라간다.
3	남은줄 [끝부분넣기]	감아올린 새끼줄 뒤쪽	보이지 않게 집어넣기
4	감은 줄 단단히 고정	손바닥으로 감은 줄을 덮어 감아 돌린다.	
5	황토바르기	미리 준비된 황토흙을 발라준다.	지면[아래]에서 위쪽으로 올라가면서 황토흙을 두 손으로 발라준다.
6	수피에 황토흙 바르기	새끼감은 끝에서 20cm 윗부분까지 발라준다.	
7	주변정리 및 청소	레이크로 주변 평탄작업 및 청소를 한다.	
8	장비 정리정돈	평가 전 위치대로 장비를 정리한다.	
9	해체	감독관 지시에 따른다.	원상복구

3️⃣ 구술형 질문유형(1)

유형	질문	답변
수피감기	수피감기를 왜[수피감기 목적] 하는가?	소나무 이식 후 소나무좀 방지, 수분증산 방지, 동해[상렬]나 병충해 방지, 여름 햇빛에 줄기가 타는 피소[데임] 방지

4 구술형 질문유형(2)

유형	질문	답변
교목식재	교목식재 순서는?	표토[겉흙]걷기 → 구덩이 파기 → 밑거름 넣기 → 흙 70% 채우기 → 물집 만들기 → 관수 → 멀칭 → 전정 → 주변정리 및 청소
	식재 후 마지막 작업으로 무엇을 했습니까?	증산억제를 위해 전정 혹은 가지솎기를 했습니다.
	T/R율에 대해 설명하세요.	지하부 체적분의 지상부 체적, 이식한 직후는 T/R율 값이 크므로 T/R율 값을 맞춰주고 증산억제를 위해 지상부를 솎아 주어야 합니다.
	관수는 어떻게 하였습니까?	물집을 크게 만들고 충분히 관수[1m²당 6~8L]
	수피감기를 왜[수피감기 목적] 하는가?	소나무 이식 후 소나무좀 방지, 수분증산 방지, 동해[상렬]나 병충해 방지, 여름 햇빛에 줄기가 타는 피소[데임] 방지
	나무를 심는 방향은?	전생지[전에 심은 방향]를 우선으로 합니다.
	물죽쑤기의 이유는?	뿌리활착이 잘되도록 공극을 없애고 미세뿌리와 흙접촉을 좋게 하기 위해
	구덩이의 크기는?	뿌리분의 1.5~3배
	흙쥠을 하는 나무는?	소나무
	전정하는 이유[전정목적]는?	생장조절, 생리조절, 성장억제, 개화결실, 세력갱신
	전정해야 할 가지는?	도장지 아래로 향한 가지, 교차한 가지, 평행지, 죽은 가지, 병든 가지, 처진 가지, 움돋은 가지
	교목전정 방법은?	전체 수형을 고려 후 위에서 아래로, 바깥에서 안쪽으로 큰 가지에서 작은 가지 순으로 전정
	교목수종별 전정 시기는?	• 낙엽수[낙엽침엽수 포함] : 11~3월 • 침엽수 : 10~11월, 이른 봄 • 꽃나무 : 꽃이 진 직후 • 산울타리 : 5~6월, 9월
	멀칭하는 이유는?	수분증발 방지, 잡초발생억제, 병충해 방지, 동해 방지
	물죽쑤기를 어떻게 하는가?	구덩이 파낸 흙 70%를 채우고 관수 후 막대나 삽으로 뿌리분 주변을 찔러 준다.

5 시공순서

01 준비하기

02 표토걷기

03 구덩이 파기

04 거름주기

05 표토넣기

06 나무넣기

07 70% 흙넣기

08 물주기

09 물죽쑤기

10 30% 흙넣기

11 살짝 들고 다지기

12 물집 만들기

13 물주기

14 멀칭작업

15 전정

16 새끼줄 감기

17 황토흙반죽

18 진흙 바르기

19 완성

Chapter 02 ● 교목식재+삼각지주목 세우기

1 시험장에 비치된 작업용구

지주목, 새끼줄, 녹화마대, 쇠망치, 못, 삽 등

※ 시험장에 따라 변경될 수 있음

2 작업순서

순서	핵심 키워드	세부 내용	
1	삼각형 만들기	중간 각목[3개]으로 식재 수목 중심으로 삼각형을 만든다.	
2	꼭짓점 표시	삼각형 꼭짓점 중앙에 삽날[뒤집어]을 꽂아서 표시한다.	
3	지주목 세우기	긴 각목을 수직으로 세우고 견고하게 묻는다[나무 수고 고려하여 지주목 높이 맞추기].	삼발이 지주목보다 더 깊게 묻는다. 지주목 각도 : 직각[90도]
4	지주목 위 중간 각목 못 박을 위치 정하기	중간 각목 1개를 진 지주목 위에 대고 못 박을 위치를 정한다.	
5	중간각목 못 박기	식재목 주변 바닥에서 중간 각목에 못을 반쯤 박는다.	
6	삼각대 설치	못 박은 중간 각목을 지주목에 올리고 나머지 부분의 못을 박는다.	
7	가로막대 못 박기	식재목 주변 바닥에서 못을 반쯤 박은 후 삼각대에 가로목을 박는다.	한쪽만 먼저 박는다.
8	녹화마대 감기	삼각대 끝부분 중심으로 상하 5cm 정도 나오게 감는다.	
9	가로막대 못 박기	나머지 한쪽을 박는다.	
10	녹화끈 묶기	• 앞 : 11자형 밴드 묶음 • 뒤 : ×자형 밴드 묶음	
11	물집 만들기	삼각지 주목 안쪽으로 둥글게	
12	관수[물 주기]	충분히 준다.	

순서	핵심 키워드	세부 내용	
13	멀칭	짚, 거적, 낙엽 등	수분증발 및 잡초발생 억제, 지온 보존 등
14	주변정리 및 청소	레이크로 주변 평탄작업 및 청소를 한다.	
15	해체	감독관 지시에 따른다.	

3 구술형 질문유형

유형	내용	답변
삼각지주목	삼각지주목은 주로 어떤 곳에 설치하는가?	• 통행량이 많고 공간이 협소한 곳 • 수고 1.2~4.5m 수목
	삼각지주목 설치 시 지주목 높이를 맞추는 이유는?	지주목 높이를 너무 아래로 하면 나무 위가 흔들려 정상적 활착 및 생육에 지장
	지주목 각도는 ?	직각[90도]
	가로막대 설치 이유는?	식재수목 고정, 정상적 활착 및 충분히 생육하기 위해
	지주목 각도는?	직각[90도]
	지주목의 깊이는 얼마 정도로 팠는가?	30cm 이상 깊이로 팠음
	교목식재 후 물죽쑤기는 언제 어떻게 하는가?	구덩이 파기 후 밑거름과 표토를 넣고 파낸 흙을 70% 채운 다음 관수 후 삽 또는 지주목, 레이크 뒤쪽을 이용해 물죽쑤기를 한다.
	지주목 설치 이유는?	식재수목 고정, 정상적 활착 및 충분히 생육하기 위해
	전정방법은?	전체 수형 먼저 고려 후 위에서 아래로, 바깥에서 안쪽으로, 큰 가지에서 작은 가지 순으로 전정

▣ 시공순서

01 삼각형 만들기

02 꼭짓점 표시하기

03 삽날 꽂아서 구덩이

04 지주목세우기

05 위치 정하기

06 중간각목 박기

07 지주목 고정하기

08 녹화마대 감기

09 녹화끈 묶기

10 물집 만들기

11 물주기

12 멀칭

13 완성

1 시험장에 비치된 작업용구

지주목, 새끼줄, 녹화마대, 고무바, 삽 등

※ 시험장에 따라 변경될 수 있음

2 작업순서

순서	핵심 키워드	세부내용	
1	지주목 펼치기	식재수목 중심으로 삼각형을 만든다.	
2	꼭짓점 표시	삼각형 꼭짓점 중앙에 삽날을 뒤집어 꽂아서 표시한다.	
3	지주목 세우기	지주목 수직으로 세우고 견고하게 묻는다.	
4	녹화마대 감기	중앙지주[1개]를 수목에 가까이 대고 녹화마대를 감는다.	중앙지주 끝부분 중심으로 상하 5cm 정도 나오게 사선으로 감아준 후 아랫부분 끝을 손가락으로 올리고 잔여 부분을 넣은 다음 손바닥으로 녹화마대 전체를 감아준다.
5	지주목 다짐	지주목 주변에 흙을 덮어주고 다시 힘껏 밟는다.	지주목이 흔들리지 않게 발뒷꿈치로 힘껏 밟기
6	지주대 묶기	삼각지주 모은 후 중앙지주에 녹화끈을 묶고 나머지 2개의 지주와 함께 2번 감아준다.	
7	X자 감기	뒤에서 아래, 위로 지그재그[X자]로 감는다.	
8	녹화끈 처리	녹화끈 마지막 부분과 처음 끈의 남은 부분을 견고히 묶고 나머지 부분을 중앙지주 자속으로 넣는다.	
9	물집 만들기	• 삼발이 지주목 안쪽으로 둥글게 • 근경에서 20~30cm, 높이 10cm	구덩이 판흙 말고 주변흙을 이용
10	관수[물주기]	충분히 준다.	

순서	핵심 키워드	세부내용	
11	전정	전정가위를 이용한다.	T/R율을 좋게 한다.[수형에 지장이 없는 가지치기]
12	주변정리 및 청소	레이크로 주변 평탄작업 및 청소를 한다.	
13	장비 정리정돈	평가 전 위치대로 장비를 정리한다.	
14	해체	감독관 지시에 따른다.	원상복구

3 구술형 질문 유형

유형	질문	답변
삼발이 지주목	지주목과 지면의 경사 각도는?	60~70도
	지주목의 배치 간격은?	위에서 볼 때 120도
	지주목과 수목의 각도는?	30도
	구덩이 깊이는?	30cm 이상 깊이
	지주목 설치 시 수간 보호는 어떻게 처리하였는가?	녹화마대를 수간에 감아서 수피가 상하는 것을 방지 [지주목 3개가 닿는 부분 상하 5~10cm 높이 유지] ※ 녹화마대가 너무 위로 감기거나 아래로 감기면 안 됨
	지주목 설치 이유는?	수목생장[뿌리분으로 인한 나무의 흔들림 방지와 뿌리 활착 등에 도움을 주고 수간의 굵기가 균일하게 생육될 수 있도록 바람의 피해를 줄이고 내인력 방지]
	삼발이 지주목은 주로 어떤 곳에 설치하는가?	가장 안전하고 설치 방법도 간단하나 자리를 많이 차지하여 통행인이 많은 곳에 설치할 수 없어 화단 안쪽 및 경사지 등에 수목식재 시 설치

4 시공순서

01 지주목 펼치기

02 꼭짓점 표시하기

03 지주목 세우기

04 녹화마대 감기

05 지주목 다짐
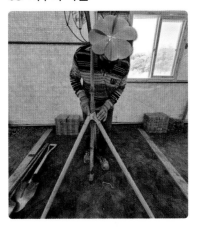

06 지주대 묶기

07 녹화끈 처리

08 물집 만들기

09 멀칭 작업

10 전정

11 완성

1 시험장에 비치된 작업용구

관목, 목줄, 줄자, 레이크, 물조리개, 삽 등

※ 시험장에 따라 변경될 수 있음

2 작업순서

순서	핵심 키워드	세부내용	
1	표토걷기	삽[레이크]으로 겉흙을 걷는다.	한쪽에 모아둔다.
2	축척	식재지역 중앙선 만들기	삽으로 중앙선을 긋는다.
3	식재위치, 목줄 설치	1m 길이 고려	1열과 1열 나무사이 거리[25cm 이내]
4	구덩이 파기	2개의 구덩이 깊이 30cm[2열교호식재 시 구덩이와 구덩이 간격은 25cm 이내로]	경계석 바로 붙여서 파지 말고 물집 만들 공간 고려
5	밑거름 넣기	1삽 정도 골고루 뿌려준다.	
6	표토넣기	5~6cm 정도가 적당하다.	모아둔 표토 이용
7	나무 눕혀놓기	뿌리는 안쪽, 가지는 바깥쪽으로 한다.	1m 범위 고려 나무와 나무 사이 적절한 간격 띄우기
8	나무 세우기	세우면서 흙[70%]을 넣는다.	
9	관수[물주기]	충분히 준다.	
10	물죽쑤기	뿌리접촉금지, 공극률을 없앤다.	막대기로 뿌리분 주변을 찔러 돌려준다.[공기제거, 미세뿌리와 흙 접촉 좋게]
11	흙 채우기[30%]	나무를 들어 올리면서 답압한다.	손과 발을 이용
12	물집 만들기	높이 10cm	관목식재 주위로 둥글게 만든다.
13	관수물주기	충분히 준다.	
14	멀칭	짚, 거적, 낙엽 등	수분증발 및 잡초발생 억제, 지온 보존

순서	핵심 키워드	세부내용	
15	전정	• 상부 : 강하게 • 하부 : 약하게	• 하부 : 맹아발생 촉진, T/R율을 좋게 한다. • 시기 : 5~6월, 9월 2회
16	주변정리 및 청소	레이크로 주변 평탄 작업을 한다.	
17	장비 정리정돈	평가 전 위치대로 장비를 정리한다.	
18	해체	감독관 지시에 따른다.	원상복구

3 구술형 질문 유형

유형	질문	답변
산울타리 식재	산울타리 식재 후 전정방법은?	1. 전체수형 조형[형상, 높이, 폭 결정] 2. 불필요 도장지 먼저 정리[고사지, 병든가지, 밀생된 가지, 솎아준 다음] 3. 생장속도를 고려하여 일정한 폭을 정한 후 윗면 → 옆면 순으로 정리 후 전정하되 위는 강하게, 아래는 약하게 ※ 위를 강하게 전정하여 가지런히 하면 아래가지가 치밀해지는 효과를 얻는다.[사다리꼴 모양]
	산울타리 전정 시 관수량은?	충분히 관수[1m²당 6~8L 정도]
	차폐식재의 목적은?	도로나 부지 내외에 걸쳐 차량 주행이나 경관상 좋지 못한 곳을 가리기 위한 식재
	산울타리 식재 후 전정해야할 가지	불필요한 도장지 먼저 정리 후 고사지, 병든 가지, 지면부 맹아지
	교목식재 후 굵은 가지의 적절한 전정 시기는?	12~3월은 휴면 중이어서 전정의 영향을 받지 않고 수형이 잘 드러나 작업이 용이
	산울타리 식재 시 전정해야할 3가지 답할 것	불필요한 도장지 먼저 정리 후 고사지, 병든 가지, 지면부 맹아지
	산울타리 식재 후 전정 방향은?	• 전정기 사용 시 : 오른쪽에서 왼쪽으로 • 전정가위 사용 시 : 왼쪽에서 오른쪽으로 • 100m 미만 울타리 : 윗면 먼저 전정 • 100m 이상 울타리 : 옆면 먼저 전정

4 ▶ 시공순서

01 표토걷기

02 중앙선 만들기

03 구덩이 파기

04 밑거름 넣기

05 표토 넣기

06 나무 눕혀놓기

07 70% 흙넣기

08 물죽쑤기

09 나무 올려서 답압

10 물집 만들기

11 멀칭 작업

Chapter **05 ● 잔디뗏장식재**

1 시험장에 비치된 작업용구

뗏장, 복합비료, 줄자, 목줄, 물조리개, 삽, 레이크 등

※ 시험장에 따라 변경될 수 있음

2 작업순서

순서	핵심 키워드	세부내용	
1	표토걷기	10~20cm까지 흙을 걷는다.	한쪽에 모아둔다.
2	경운한다	땅을 파서 그 자리에 뒤엎는다.	이물질을 제거한다. [한쪽에 모아둠]
3	퇴비주기	삽을 활용한다.	골고루 뿌려준다.
4	정지	레이크로 수평을 맞춘다.	
5	답압	삽 또는 달구판을 활용한다.	
6	잔디 뗏장 놓기	순서 : **예** 13장 어긋나게 깔기 1열[3장] → 2열[2장] → 3열[3장] → 4열[2장] → 5열[3장]	줄눈 : 10mm
7	줄눈 뗏밥 주기	줄눈에 맞춰 덮는다.	뗏장 한가운데는 덮지 않는다. [70% 정도만 덮어줌]
8	답압	삽 또는 달구판을 활용한다.	뗏장 가장자리가 떠 있으면 잔디가 죽기 때문에 꼭 흙으로 메꾸어준 후 답압한다.
9	물주기	$1m^2$ 넓이에 6L의 물을 분사식으로 뿌려준다.	
10	주변정리 및 청소	레이크로 주변 평탄작업을 한다.	
11	장비 정리정돈	평가 전 위치대로 장비를 정리한다.	
12	해체	감독관 지시에 따른다.	원상복구

3 구술형 질문 유형

유형	질문	답변
잔디뗏장식재	잔디 식재 후 관수량은?	충분한 관수[1m²당 6L]
	잔디 식재 시 뿌려주는 복합비료의 양은?	1m²당 복합비료[NPK:21-17-17] 20g 정도
	잔디 식재 시 땅을 갈아엎는[경운] 깊이는?	파종지역을 20cm 깊이로 파서 그 자리에 뒤엎음
	잔디 식재 후 제일 중요하게 해야 할 사항은?	잔디 뗏장이 들뜨지 않도록 뗏밥을 뿌리고 답압[다짐]을 철저히 해야 함.
	※ 기능사는 시공을 얼마나 잘했느냐가 중요한 것이 아니라 시공 순서를 얼마나 잘 준수했느냐가 더 중요한 사항임.	

4 시공순서

01 경운하기

02 퇴비주기

03 정지작업

04 답압

05 떼장놓기

06 줄눈떼밥주기

07 답압

08 물주기

참고 - 피복율

01 50% 어긋나게 깔기 : 13장 소요

① $0.18m \times 0.18m$ = 줄눈 감안 대략 $0.2m \times 0.2m = 0.04m^2$

② $1m^2 + 0.04m^2$ 50%[0.5] = 12.5장[약 13장]

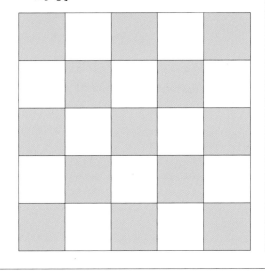

02 약 30% 어긋나게 깔기 : 8장 소요

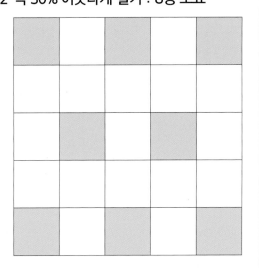

Chapter 06 · 잔디씨 파종

1 시험장에 비치된 작업용구

종자, 모래, 삽, 레이크, 관수용구, 멀칭재료, 목줄, 물조리개 등

※ 시험장에 따라 변경될 수 있음

2 작업순서

순서	핵심 키워드	세부내용	
1	경운	• 삽 활용 • 이물질 제거[한쪽에 모아둠]	파종할 곳에 땅을 20~30cm 깊이로 갈아 엎는다.
2	퇴비 주기	삽 활용	복합비료[NPK] 20g을 골고루 뿌려 준다.
3	정지	레이크 활용	씨를 파종할 부지를 평평하게 정리[수평유지]
4	답압[1차] 및 골내기	삽 활용하여 답압하고 레이크로 한쪽 방향만 골을 낸다.	수평유지
5	파종	컵 2개 : 1개[잔디씨 반 컵], 1개[모래 한 컵]	잔디씨와 모래를 잘 섞어서 동 → 서, 남 → 북 방향으로 흩트리며 뿌림
6	씨앗 덮기	1차 답압 후 레이크 활용하여 골내기한 방향과 다른 방향으로 골내기 한다.	레이크로 가볍게 골을 낸다.
7	답압[2차]	삽 뒷면을 활용한다.	[감독관 강조사항] 레이크로 골낸 곳에 씨를 뿌린 후 1차적 동서남북으로 답압 후 필요시 재차 답압하면 된다고 강조
8	관수[물주기]	1m² 넓이에 6L 가량의 물을 분사식으로 뿌려준다.	
9	멀칭	짚, 거적, 낙엽 등 덮는다.	
10	주변정리 및 청소	레이크로 주변 평탄 작업을 한다.	
11	장비 정리정돈	평가 전 위치대로 장비를 정리한다.	
12	해체	감독관 지시에 따른다.	원상복구

3 구술형 질문 유형

유형	질문	답변
잔디씨 파종	잔디씨 파종 시 경운 깊이는?	1m² 지역을 20cm 깊이로 파서 그 자리에 뒤엎음
	잔디씨 파종 시 모래를 섞는 이유는?	잔디씨가 작기 때문에 바람에 날리는 것을 방지하고 파종면적[뿌리 자리]을 확인하기 위함
	잔디씨 파종 시 모래를 섞는 비율은?	1:10의 비율로 한다.
	잔디씨 파종 시 1m²당 복합비료의 양은?	1m²당 복합비료[NPK : 21-17-17] 20g 정도
	잔디씨 파종 시 관수량과 관수 방법은?	충분한 관수[1m² 6L 정도], 안개식 혹은 살수식으로 관수
	잔디씨 파종 후 삽으로 답압을 하는 이유는?	잔디씨와 흙이 밀착되도록 하기 위함[원래는 롤러로 눌러서 다져야 하나 시험장 여건을 고려하여 삽으로 답압]

※ 산림조합중앙회 : 잔디 종자는 호광성 발아 때문에 1cm 미만의 두께로 복토를 한다.
- 객토, 복토, 배토 개념 구분 필요
- 객토 : 계속된 농사로 땅이 척박해질 때 씨앗을 뿌리기 전에 좋은 흙을 가져와 토양을 개량
- 복토 : 수목이 이미 자라고 있는 곳에 흙을 부어 땅의 높이가 높아지는 것.
- 배토 : 잔디를 갱신하거나 고품질 잔디면으로 향상시키기 위해 잔디 위에 흙 또는 모래를 뿌리는 작업으로 배토를 통해 뿌리 발생을 촉진시키고 대취의 분해를 돕고 토양을 개량하는 효과도 있다.

4 시공순서

01 경운하기

02 퇴비주기

03 정지 작업

04 1차 답압

05 파종하기

06 씨앗덮기

07 2차 답압

08 관수[물주기]

09 멀칭 작업

1 시험장에 비치된 작업용구

시공도면[시험지를 확인 후 감독관 설명에 따라 진행한다.]

벽돌[약 20~40개], 목줄, 삽, 모래, 고무망치, 줄자, 레이크, 수평계 등

※ 시험장에 따라 변경될 수 있음

2 작업순서

순서	핵심 키워드	세부내용	
1	목줄설치	가로, 세로 1m 설치	줄은 지면 가까이 설치
2	경운	삽 활용	벽돌깔기할 넓이의 땅을 20cm 깊이로 갈아 엎는다.
3	흙 걷어내기	벽돌모로세워깔기 기초는 원지반다짐 → 잡석다짐[THK150] → 모래깔기[THK40] → 벽돌모로세워깔기 순으로 시공	시험장 여건을 고려하여 기초 깊이만큼의 흙은 걷어낸 후 다시 흙으로 기초를 다진 후 시공할 것을 요구
4	수평잡기	• 수평자 활용하여 벽돌모로세워깔기 • 지역의 수평을 잡는다.	가로, 세로 1m 넓이를 골고루 수평을 잡는다.[벽돌 또는 나무판자 이용]
5	정지	레이크 활용 수평 맞추기	이물질 제거
6	답압	벽돌 등 활용	
7	벽돌깔기	정해진 패턴 활용	줄눈 1cm[10mm]
8	벽돌수평잡기	수평자, 고무망치 이용	한 장, 한 장 수평 잡기
9	흙채우기	바깥 테두리 및 줄눈	벽돌 없는 곳, 흙을 채워 밀리지 않도록 함
10	수평유지	포장된 표면 높이 일정하게	
11	벽돌 위 흙 쓸기	깨끗하게 보이도록 빗자루로 흙을 깨끗이 쓸기	
12	주변정리 및 청소	레이크로 주변 평탄 작업을 한다.	
13	장비 정리정돈	평가 전 위치대로 장비를 정리한다.	

순서	핵심 키워드	세부내용	
14	감독관 점검	벽돌 위에 올라가 양발을 움직여 고정여부 및 수평계 물매 확인한다.	물매 : 2~5%
15	해체	감독관 지시에 따른다.	원상복구

❸ 구술형 질문 유형

유형	질문	답변
벽돌모로 세워깔기	벽돌깔기 시공 시 기초는 어떻게 하였습니까?	원지반다짐 → 잡석다짐[THK150] → 모래깔기[솨 40]를 하였습니다.
	줄눈의 간격은?	10mm[1cm]
	물매는?	2~5% 물매
	물매를 어느 방향으로 몇 % 주었는가?	경계석 방향으로 몇 % 주었다고 답변을 하면 된다. [본인이 시공한 경사도 고려]
	벽돌 한쪽 면에 줄이 있는 이유는?	표면에 마찰을 주어 미끄럼을 방지하기 위함이다.

❹ 시공순서

01 목줄 설치

02 경운하기

03 흙 걷어내기

04 수평잡기

05 정지 작업

06 답압

07 벽돌 깔기

08 벽돌 위 흙 쓸기

1 시험장에 비치된 작업용구

시공도면[시험지], 모래, 잡석, 목줄, 삽, 줄자, 레이크, 수평계 등

※ 시험장에 따라 변경될 수 있음

2 작업순서

순서	핵심 키워드	세부내용	
1	경운하기	삽 활용	벽돌깔기할 땅을 20cm 깊이로 갈아 엎는다.[돌 등 이물질 제거]
2	흙 걷어내기	판석포장 시 기초 : 원지반다짐 → 잡석깔기/다짐[THK100] → 콘크리트[THK100] → 모래 또는 모르타르[THK40]	시험장 여건을 고려하여 기초 깊이만큼 흙을 걷어낸 후 다시 흙으로 기초를 다진 후 시공할 것을 요구한다.
3	수평 잡기	수평자 활용, 판석 포장 지역의 수평을 잡는다.	가로, 세로 1m 정도 골고루 수평을 잡는다.
4	첫째 판석 깔기	좌우측 코너에서 출발한다.	제일 크고 예쁜 판석을 사용한다.
5	Y자형 줄눈	줄눈 간격 2cm	잔디 식재용
6	나머지 판석 깔기	Y자형 줄눈과 수평을 유지하며 깐다.	1m² 범위를 벗어나지 않게 하고 삼각형 구도를 잡을 것
7	흙 채우기	판석 사이, 바깥 부분	판석 사이 깊이는 1cm를 유지
8	주변정리 및 청소	레이크로 주변 평탄 작업을 한다.	
9	장비 정리정돈	평가 전 위치대로 장비를 정리정돈한다.	
10	감독관 점검	판석 위에 올라가 양발을 움직여 고정여부를 확인한다.	
11	해체	감독관 지시에 따른다.	원상복구

3 구술형 질문 유형

유형	질문	답변
판석 깔기	판석 깔기 시공 시 기초는 어떻게 처리하였습니까?	원지반 → 잡석다짐[THK100] → 콘크리트[THK100] → 모르타르 또는 모래 깔기[THK40]를 하였습니다.
	줄눈의 모양과 간격은?	Y자 형태, 2cm
	물매는?	2~5% 물매

4 시공순서

01 경운하기

02 목줄 띄우기

03 흙 걷어내기

04 수평 잡기

05 판석 깔기

06 Y자형 줄눈 잡기

07 흙 채우기

08 완성

Chapter 09 ● 수간주사

1 시험장에 비치된 작업용구

옥시테트라사이클린 수화제, 링거세트, 드릴, 도포제, 줄자, 보드마카펜, 브로워 등

※ 시험장에 따라 변경될 수 있음

2 작업순서

순서	핵심 키워드	세부내용	
1	첫째 구멍 뚫기	수간 밑[지제부]에서 높이 5~10cm 지점에 매직펜으로 표시한다.	구멍지름 5mm 구멍깊이 3~4cm 구멍각도 20~30도[비스듬히]
2	둘째 맞은편 구멍 뚫기	첫째 구멍 반대쪽[180도], 첫째 구멍 지점에서 다시 위로 5~10cm 지점에 펜으로 표시한다.	
3	약액 주입구멍 톱밥 제거	약액 주입구멍 내부 톱밥[부스러기] 제거 시 블러워를 이용한다.	입으로 후 불어서 제거하는 동작 또는 바늘캡을 구멍 입구에 대고 수액을 흘려서 톱밥 제거
4	수간 주입기 설치[고정]	사람의 키 정도(150~180cm)의 높이에 매단 다음 소량의 약액을 부어 넣는다.	나무줄기 등을 활용
5	수액 호수내리기	수목에 수액 호수 1회만 감아서 내려온다.	첫 번째 호수와 두 번째 호수가 [X자]가 되게 감는다.
6	주입관 삽입	주입구멍에 꼭 끼워 약액이 밖으로 흘러나오지 않게 고정시킨다.	바늘캡을 벗기고 수액조절, 수액줄 속의 공기 제거
7	약액 주사 완료	수간주입기를 걷어낸다	
8	사후조치	수간주사 약액통 제거 후 도포제로 주입구멍 도포 후 코르크 마개[가루]로 막아준다.	드릴로 뚫은 구멍으로 병해충·곤충의 침입을 방지하기 위해서
9	주변정리 및 청소	레이크로 주변 평탄 작업을 한다.	
10	장비 정리정돈	평가 전 위치대로 장비를 정리한다.	
11	해체	감독관 지시에 따른다.	원상복구

3 구술형 질문 유형

유형	질문	답변
수간주사	빗자루병에 주로 걸리는 수종은?	오동나무, 대추나무, 벗나무
	수간주사를 놓은 시기와 수간주입기[병]의 높이는?	증산작용으로 수액의 흡수가 왕성한 4~9월 사이 맑은 날, 150~180cm[사람 키 높이 정도]
	병원균의 이름은?	파이토플라즈마[=마이코플라즈마] → 오동나무, 대추나무, 뽕나무 오갈병
	병원균을 옮기는 충은?	마름무늬매미충(대추나무 빗자루병) 뽕나무 오갈병 담배장님노린재(오동나무 빗자루병)
	지면에서 드릴로 구멍을 뚫는 높이는?	지제부에서 5~10cm 지점에 1개 뚫은 후 반대쪽[180도]은 1차 뚫은 지점에서 다시 5~10cm 높이에 뚫기
	드릴로 뚫은 구멍깊이와 각도는?	지름 5mm 드릴로 3~4cm, 20~30도
	드릴로 구멍을 뚫은 후 구멍 내 톱밥은 어떻게 제거하는가?	약액을 빠르게 주입하여 주입구멍 안의 톱밥 부스러기를 깨끗이 제거한다.
	수간주사 후 마무리는 어떻게 하는지?	병충해·곤충 침입 방지를 위해 주입구멍에 도포제 처리 후 코르크마개[가루]로 막아준다.
	수간주사용 약제의 이름과 희석비율은?	옥시테트라사이클린 1g당 물 1,000배 희석
	대추나무 지름 크기가 10~15cm일 때 약액 주입량은?	1회 주입량은 1.0L
	물1L에 옥시테트라사이클린 수화제 5g 사용 시 몇 배 희석하는가?	1L에 1g 사용 시 1,000배 희석이므로 1L에 5g 사용 시 200배 희석
	수간주사는 어떤 기후일 때 하는가?	증산작용이 활발한 맑고 갠 날 실시해야 약액의 주입속도가 빠르고 치료효과 높음
	빗자루병 치료 시 어떤 약제를 사용하는가?	옥시테트라사이클린 1g을 수돗물 또는 맑은 우물물에 1,000배로 희석해서 사용
	드릴로 뚫은 구멍을 막기 전에 어떤 처리를 하는가?	병충해·곤충 침입 방지를 위해 주입구멍에 도포제 처리 후 코르크마개[가루]로 막아준다.
	코르크는 어떤 나무로 만드는가?	황벽나무 또는 코르크 참나무
	수화제 15% 사용 시 옥시테트라사이클린 몇 g을 사용하는가?	5~6g
	빗자루병의 매개충은?	마름무늬 매미충, 담배장님노린재

유형	질문	답변
수간주사	드릴로 뚫은 구멍은 무엇으로 메꾸는가?	코르크마개나 코르크가루로 막아준다.
	드릴로 구멍을 뚫을 때 각도는?	20~30도

참고

01 수험생의 반복적인 실수 내용

1. 드릴로 약액 주입구멍을 뚫을 때 버튼 방향[빼는 방향에 위치]을 확인하지 않고 구멍 뚫기

2. 드릴로 약액 주입구멍을 뚫은 후 주사바늘 캡을 벗기지 않고 그냥 주입구멍에 끼우기

3. 수간주사 후 마무리 처리[도포제로 도포 후 병원균 침투 방지를 위해 코르크 마개나 가루를 이용하여 밀봉] 미흡

4. 지면에서 약액 주입구멍을 뚫을 때 높이[2개소]를 정확히 인지하지 못하고 있음

02 주입약량 및 사용 시기

1 주입약량 : 나무의 흉고 직경에 따라 아래와 같이 주입한다.

흉고 직경	1L 주입량	주입 횟수	주입 시기
2~3cm	0.2L		
5~7cm	0.3L		
7~10cm	1.0L	1회	9월
10~15cm	1.0L		
15cm 이상	1.5~2L		

2 주입시기 : 흐린 날이나 비가 많이 내리는 시기를 피하고 증산작용이 활발한 맑고 갠 날에 실시해야 약액의 주입속도가 빠르고 치료효과도 높다.

④ 시공순서

01 구멍 뚫기

02 맞은편 구멍 뚫기

03 톱밥 제거

04 수간주입기 설치

05 주입관 삽입

06 주변 정리

PART
III

수목감별

번호	수목명	과명	성상	내용
001	가막살나무	인동과	낙엽활엽관목	꽃은 흰색, 열매는 붉은색
002	구상나무	소나무과	상록침엽교목	열매가 위로 달림, 잎 뒷면 흰색 기공선
003	감나무	감나무과	낙엽활엽교목	꽃은 황백색, 열매는 황적색
004	갈참나무	참나무과	낙엽활엽교목	잎자루 있으며 뒷면은 회백색
005	개나리	물푸레나무과	낙엽활엽관목	잎은 마주나며 톱니가 있음, 노란색꽃
006	감탕나무	감탕나무과	상록활엽교목	꽃은 황록색, 붉은열매
007	개비자나무	개비자나무과	상록침엽관목	잎뒷면에 하얀숨구멍줄, 열매는 붉은색
008	개오동	능소화과	낙엽활엽교목	열매가 매우 길쭉함, 노란색꽃
009	계수나무	계수나무과	낙엽활엽교목	잎은 심장형, 가을에 황색단풍, 반달모양의 열매
010	골담초	콩과	낙엽활엽관목	나비처럼 생긴 노란꽃, 가지에 가시
011	곰솔	소나무과	상록침엽교목	바닷가 지역에서 잘 자람, 2엽속생
012	광나무	범의귀과	상록활엽관목	열매는 검은색, 꽃은 흰색
013	가시나무	참나무과	상록활엽교목	열매색-갈색 긴타원형의 잎, 얇은 톱니
014	금목서	물푸레나무과	상록활엽관목	잎은 끝이 뾰족, 꽃색은 등황색
015	금식나무	층층나무과	상록활엽관목	잎은 마주나며, 붉은색 열매
016	금송	낙우송과	상록침엽교목	원추형, 2엽송
017	꽝꽝나무	감탕나무과	상록활엽관목	흰색, 검정열매
018	낙상홍	감탕나무과	낙엽활엽관목	꽃은 연한 자주빛, 붉은색 열매
019	남천	매자나무과	상록활엽관목	붉은색 열매, 3회 깃꼴겹잎
020	노각나무	차나무과	낙엽활엽교목	동백나무꽃과 유사, 얼룩무늬수피
021	노랑말채나무	층층나무과	낙엽활엽관목	줄기는 노란색, 꽃은 흰색
022	눈향나무	측백나무과	상록침엽관목	누운향나무, 비늘잎과 열매
023	녹나무	녹나무과	상록활엽교목	꽃은 흰색에서 노랑으로 바뀜
024	느티나무	느릅나무과	낙엽활엽교목	잎은 어긋나고 긴 타원 모양
025	능소화	능소화과	낙엽활엽덩굴성 식물	주황색꽃

번호	수목명	과명	성상	내용
026	단풍나무	단풍나무과	낙엽활엽교목	손바닥모양의 5~7개로 갈라짐
027	담쟁이덩굴	포도과	낙엽활엽덩굴성 식물	끝이 3갈래로 뾰족, 불규칙한 톱니, 청색 열매
028	당매자나무	매자나무과	낙엽활엽관목	가지에 가시가 있고, 노란색꽃, 달걀모양의 잎, 붉은색열매
029	대추나무	갈매나무과	낙엽활엽교목	잎겨드랑이에 꽃과 잎, 적색열매
030	독일가문비	소나무과	상록침엽교목	열매가 아래로 향함, 수피가 암갈색
031	등	콩과	낙엽활엽덩굴성 목본	연보라색꽃, 콩꼬투리모양의 열매
032	동백나무	차나무과	상록활엽교목	잎의 가장자리 잔톱니, 꽃은 적색
033	돈나무	돈나무과	상록침엽관목	계란 모양의 잎이 가지 끝에 모여 달림, 흰꽃
034	때죽나무	때죽나무과	낙엽활엽	흰색꽃, 회백색 열매
035	떡갈나무	참나무과	낙엽활엽교목	참나무과 중 잎이 가장 크고 깍정이는 털 모양이고 뒤로 젖혀짐
036	먼나무	감탕나무과	상록활엽교목	자주색꽃, 붉은색 열매
037	말채나무	층층나무과	낙엽활엽교목	꽃은 흰꽃, 잎은 마주남
038	매화[매실]나무	장미과	낙엽활엽교목	흰색 또는 분홍색꽃
039	마가목	장미과	낙엽활엽교목	흰꽃, 붉은 열매
040	메타세쿼이아	낙우송과	낙엽침엽교목	잎은 마주나기
041	모과나무	장미과	낙엽활엽교목	얼룩무늬수피, 분홍색꽃, 노란 열매
042	물푸레나무	물푸레나무과	낙엽활엽교목	흰색꽃
043	모감주나무	무환자나무과	낙엽활엽교목	노란색 꽃, 열매는 짙은 황색
044	무궁화	아욱과	낙엽활엽관목	잎은 마름모꼴
045	미선나무	물푸레나무과	낙엽활엽관목	흰색꽃, 열매는 부채를 닮음
046	박태기나무	콩과	낙엽활엽관목	밥알모양과 비슷한 꽃들이 다닥다닥 붙어 있음
047	반송	소나무과	상록침엽교목	반구형, 2엽속생
048	베롱나무	부처꽃과	낙엽활엽교목	붉은색꽃이 원추형으로 핌, 수피는 매끄러움
049	백목련	목련과	낙엽활엽교목	흰색꽃, 붉은색열매

번호	수목명	과명	성상	내용
050	백당나무	인동과	낙엽활엽관목	꽃은 수국과 비슷, 흰꽃
051	백송	소나무과	상록침엽교목	회백색수피, 3엽속생
052	버드나무	버드나무과	낙엽활엽교목	하수형, 가느다란잎, 열매에 솜털이 달림
053	벽오동	벽오동과	낙엽활엽교목	녹색수피, 꽃은 녹색이 감도는 흰색
054	보리수나무	보리수나무과	낙엽활엽교목	붉은열매
055	병꽃나무	인동과	낙엽활엽관목	꽃은 황녹색 병모양
056	복사나무	장미과	낙엽활엽교목	분홍꽃, 가느다란 긴잎, 열매는 등황색
057	복자기	단풍나무과	낙엽활엽교목	3출복엽, 가지 끝에 세 개의 꽃이 핀다,
058	붉가시나무	참나무과	상록활엽교목	긴 타원형의 잎, 톱니가 거의 없음
059	사철나무	노박덩굴과	상록활엽관목	잎은 마주나며 광택이 나는 짙은 녹색, 적색열매
060	산벚나무	장미과	낙엽활엽교목	5장꽃잎, 검정열매
061	산딸나무	층층나무과	낙엽활엽교목	딸기모양의 열매, 꽃은 흰색
062	산사나무	장미과	낙엽활엽교목	가지에 가시, 잎은 어긋, 백색꽃, 붉은열매
063	산철쭉	진달래과	낙엽활엽관목	잎은 가는 선형, 홍자색꽃
064	산수유	층층나무과	낙엽활엽교목	노란꽃, 붉은색열매
065	상수리나무	참나무과	낙엽활엽교목	긴 타원모양, 양끝이 뾰족하고 가장자리에 예리한 톱니, 열매는 둥근 모양
066	살구나무	장미과	낙엽활엽교목	분홍색꽃잎5장, 잎자루가 붉은색, 잎은 어긋나기
067	생강나무	녹나무과	낙엽활엽관목	노란색꽃
068	서어나무	자작나무과	낙엽활엽교목	근육과 같은 나무껍질, 열매는 아래로 늘어지는 이삭모양
069	석류나무	석류나무과	낙엽활엽교목	꽃과 열매는 주황색
070	소나무	소나무과	상록침엽교목	2엽속생, 수피는 적갈색
071	수국	범의귀과	낙엽활엽관목	잎은 마주나며 가장자리에 톱니
072	수수꽃다리	물푸레나무과	낙엽활엽관목	자주색꽃
073	쉬땅나무	장미과	낙엽활엽관목	흰색꽃, 잎자루에 털이 있다.
074	스트로브잣나무	소나무과	상록침엽교목	5엽송, 매끄러운 수피

번호	수목명	과명	성상	내용
075	신갈나무	참나무과	낙엽활엽교목	가지끝에는 여러 장이 모여서 달림, 끝이 뾰족한 긴 타원형, 가장자리에 날카로운 파도 모양의 큰 톱니
076	신나무	단풍나무과	낙엽활엽교목	잎은 3갈래로 갈라지고 가운데가 길다.
077	아까시나무	콩과	낙엽활엽교목	백색꽃, 가지에 가시, 콩꼬투리모양의 열매
078	앵도나무	장미과	낙엽활엽관목	흰색꽃, 작은잎, 붉은열매
079	오동나무	현삼과	낙엽활엽교목	잎은 마주나며 꽃은 보라색
080	왕벚나무	장미과	낙엽활엽교목	흰색꽃, 검정열매
081	은행나무	은행나무과	낙엽침엽교목	부채모양의 잎, 노란색열매
082	이팝나무	물푸레나무과	낙엽활엽교목	잎은 마주나며, 꽃은 흰색, 열매는 검은색
083	인동덩굴	인동과	상록활엽덩굴성관목	흰꽃이 노란꽃으로 변함, 검은열매
084	일본목련	목련과	낙엽활엽교목	붉은색열매, 꽃은 흰색, 향기가 강하다
085	자귀나무	콩과	낙엽활엽교목	꽃부리는 위는 분홍, 아래는 흰색
086	자작나무	자작나무과	낙엽활엽교목	원통모양 열매, 삼각형 계란모양의 잎
087	작살나무	마편초과	낙엽활엽관목	보라색열매
088	잣나무	소나무과	상록침엽교목	수피는 불규칙한 조각껍질, 5엽송
089	전나무	소나무과	상록침엽교목	열매가 위로 향함, 뒷면에 2줄기공선
090	조릿대	상록활엽관목		키 작은 대나무, 잎은 긴 타원형
091	졸참나무	참나무과	낙엽활엽교목	타원형 또는 달걀형태 피침형 깍정이를 덮고 있는 비늘잎은 참나무 중에서 가장 작으며 피침형
092	주목	주목과	상록침엽교목	잎이 나선모양, 붉은색 열매
093	중국단풍	단풍나무과	낙엽활엽교목	잎은 3개로 얇게 갈라짐
094	쥐똥나무	물푸레나무과	낙엽활엽관목	열매는 검은색, 꽃은 흰색
095	진달래	진달래과	낙엽활엽관목	분홍색꽃
096	쪽동백나무	때죽나무과	낙엽활엽교목	흰색꽃
097	참느릅나무	느릅나무과	낙엽활엽교목	수피는 비늘처럼 벗겨짐, 잎은 타원형, 가장자리는 짧은 톱니, 열매는 사과 날개 속에 종자가 있음
098	철쭉	진달래과	낙엽활엽관목	꽃은 연분홍색, 잎은 5장씩 모여남

번호	수목명	과명	성상	내용
099	측백나무	측백나무과	상록침엽교목	비늘잎과 열매
100	층층나무	층층나무과	낙엽활엽교목	가지가 층층배열, 백색 작은꽃, 흙색열매
101	칠엽수	칠엽수과	낙엽활엽교목	흰꽃, 밤처럼 생긴 열매
102	태산목	목련과	상록활엽교목	큰 흰꽃, 가죽질의 두꺼운 잎광택이 있다.
103	탱자나무	콩과	낙엽활엽관목	흰꽃, 줄기에 가시, 노란색 열매
104	백합나무	목련과	낙엽활엽교목	튤립과 같은 노란꽃, 노란색 단풍
105	팔손이	두릅나무과	상록활엽관목	잎은 7~9갈래, 검은색 열매
106	팥배나무	장미과	낙엽활엽교목	흰색꽃, 잎은 가장자리에 불규칙한 톱니, 열매는 팥모양
107	팽나무	느릅나무과	낙엽활엽교목	잎은 장타원형이며 윗부분은 잔톱니, 열매는 주황색
108	풍년화	조록나무과	낙엽활엽관목	노란꽃, 타원형의 잎
109	피나무	피나무과	낙엽활엽교목	담황색꽃, 잎은 어긋나기, 수피는 회색
110	피라칸다	장미과	상록활엽관목	꽃은 황백색꽃, 붉은 열매
111	해당화	장미과	낙엽활엽관목	홍자색꽃, 주름진 잎, 줄기에 가시
112	향나무	측백나무과	상록침엽교목	비늘모양의 잎
113	호두나무	가래나무과	낙엽활엽교목	호두열매
114	호랑가시나무	감탕나무과	상록활엽관목	잎겨드랑이에 흰색꽃, 붉은색 열매
115	화살나무	노박덩굴과	낙엽활엽관목	수피는 회갈색, 붉은열매
116	회양목	회양목과	상록활엽관목	작은 잎마주나기, 열매가 뿔이 달림
117	회화나무	콩과	낙엽활엽교목	흰색꽃, 열매는 꼬투리모양
118	후박나무	녹나무과	상록활엽교목	열매는 검정색, 꽃은 황록색
119	흰말채나무	층층나무과	낙엽활엽관목	붉은 줄기와 가지, 흰색꽃, 흰색 열매
120	히어리	조록나무과	낙엽활엽관목	노란꽃

Chapter 02 ● 수목감별 목록 설명 및 사진

001 **가막살나무** : 인동과, 낙엽활엽관목, 꽃은 흰색, 열매는 붉은색

002 **구상나무** : 소나무과, 상록침엽교목, 열매가 위로 달림, 잎 뒷면 흰색 기공선

003 **감나무** : 감나무과, 낙엽활엽교목, 꽃은 황백색, 열매는 황적색

004 **갈참나무** : 참나무과, 낙엽활엽교목, 잎자루 있으며 뒷면은 회백색

005 **개나리** : 물푸레나무과, 낙엽활엽관목, 잎은 마주나며 톱니가 있음, 노란색꽃

006 **감탕나무** : 감탕나무과, 상록활엽교목, 꽃은 황록색, 붉은 열매

007 **개비자나무** : 개비자나무과, 상록침엽관목

008 **개오동** : 능소화과, 낙엽활엽교목, 열매가 매우 길쭉함, 노란색꽃

009 **계수나무** : 계수나무과, 낙엽활엽교목, 잎은 심장형

010 **골담초** : 콩과, 낙엽활엽관목, 나비처럼 생긴 노란꽃, 가지에 가시

011 **곰솔** : 소나무과, 상록침엽교목, 바닷가 지역에서 잘 자람, 2엽속생

012 **광나무** : 범의귀과, 상록활엽관목, 열매는 검은색, 꽃은 흰색

013 **가시나무** : 참나무과, 상록활엽교목, 긴 타원형의 잎, 얇은 톱니

014 **금목서** : 물푸레나무과, 상록활엽관목, 잎은 끝이 뾰족, 꽃색은 등황색

015 **금식나무** : 층층나무과, 상록활엽관목, 잎은 마주나며, 붉은색 열매

016 **금송** : 낙우송과, 상록침엽교목, 원추형, 2엽송

017 **꽝꽝나무** : 감탕나무과, 상록활엽관목, 흰색, 검정색 열매

018 **낙상홍** : 감탕나무과, 낙엽활엽관목, 꽃은 연한 자주빛, 붉은색 열매

019 **남천** : 매자나무과, 상록활엽관목, 붉은색 열매, 3회 깃꼴겹잎

020 **노각나무** : 차나무과, 낙엽활엽교목, 동백나무꽃과 유사, 얼룩무늬수피

021 **노랑말채나무** : 층층나무과, 낙엽활엽관목, 줄기는 노란색, 꽃은 흰색

022 **눈향나무** : 측백나무과, 상록침엽관목, 누운향나무, 비늘잎과 열매

023 **녹나무** : 녹나무과, 상록활엽교목, 꽃은 흰색에서 노랑으로 바뀜

024 **느티나무** : 느릅나무과, 낙엽활엽교목, 잎은 어긋나고 긴 타원 모양

025 능소화 : 능소화과, 낙엽활엽덩굴성식물, 주황색꽃

026 단풍나무 : 단풍나무과, 낙엽활엽교목, 손바닥 모양의 5~7개로 갈라짐

027 담쟁이덩굴 : 포도과, 낙엽활엽덩굴성식물, 끝이 세 갈래로 뾰족

028 당매자나무 : 매자나무과, 낙엽활엽관목, 붉은색 열매

029   **대추나무** : 갈매나무과, 낙엽활엽교목, 잎겨드랑이에 꽃과 잎, 적색열매

030   **독일가문비** : 소나무과, 상록침엽교목, 열매가 아래로 향함, 수피가 암갈색

031   **등** : 콩과, 낙엽활엽덩굴성 목본, 연보라색꽃, 콩꼬투리 모양의 열매

032   **동백나무** : 차나무과, 상록활엽교목, 잎의 가장자리 잔톱니, 꽃은 적색

033 **돈나무** : 돈나무과, 상록침엽관목, 흰꽃, 잎이 가지 끝에 모여남

034 **때죽나무** : 때죽나무과, 낙엽활엽, 흰색꽃, 회백색 열매

035 **떡갈나무** : 참나무과, 낙엽활엽교목, 잎이 참나무과 중 가장 큼

036 **먼나무** : 감탕나무과, 상록활엽교목, 자주색꽃, 붉은색 열매

037 **말채나무** : 층층나무과, 낙엽활엽교목, 꽃은 흰꽃, 잎은 마주남

038 **매화[매실]나무** : 장미과, 낙엽활엽교목, 흰색 또는 분홍색꽃

039 **마가목** : 장미과, 낙엽활엽교목, 흰꽃, 붉은 열매

040 **메타세쿼이아** : 낙우송과, 낙엽침엽교목, 잎은 마주나기

041 **모과나무** : 장미과, 낙엽활엽교목, 얼룩무늬 수피, 분홍색 꽃, 노란 열매

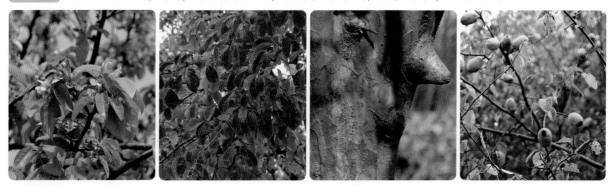

042 **물푸레나무** : 물푸레나무과, 낙엽활엽교목, 흰색꽃

043 **모감주나무** : 무환자나무과, 낙엽활엽교목, 노란색꽃, 열매는 짙은 황색

044 **무궁화** : 아욱과, 낙엽활엽관목, 잎은 마름모꼴

045 **미선나무** : 물푸레나무과, 낙엽활엽관목, 흰색꽃, 열매는 부채를 닮음

046 **박태기나무** : 콩과, 낙엽활엽관목, 밥알모양이 다닥다닥 붙어 있음

047 **반송** : 소나무과, 상록침엽교목, 반구형, 2엽속생

048 **베롱나무** : 부처꽃과, 낙엽활엽교목

049   **백목련** : 목련과, 낙엽활엽교목, 흰색꽃, 붉은색 열매

050   **백당나무** : 인동과, 낙엽활엽관목, 꽃은 수국과 비슷, 흰꽃

051   **백송** : 소나무과, 상록침엽교목, 회백색수피, 3엽속생

052   **버드나무** : 버드나무과, 낙엽활엽교목, 하수형, 가느다란 잎

053 **벽오동** : 벽오동과, 낙엽활엽교목, 녹색수피, 꽃은 녹색이 감도는 흰색

054 **보리수나무** : 보리수나무과, 낙엽활엽교목, 붉은 열매

055 **병꽃나무** : 인동과, 낙엽활엽관목, 꽃은 황녹색 병모양

056 **복사나무** : 장미과, 낙엽활엽교목, 분홍꽃, 가느다란 긴 잎, 열매는 등황색

057 **복자기** : 단풍나무과, 낙엽활엽교목, 3출복엽

058 **붉가시나무** : 참나무과, 상록활엽교목, 긴 타원형의 잎, 톱니가 거의 없음

059 **사철나무** : 노박덩굴과, 상록활엽관목, 잎은 마주나며 광택이 남, 적색열매

060 **산벚나무** : 장미과, 낙엽활엽교목, 5장 꽃잎, 검정색열매

061 **산딸나무** : 층층나무과, 낙엽활엽교목, 딸기 모양의 열매, 꽃은 흰색

062 **산사나무** : 장미과, 낙엽활엽교목, 백색꽃, 붉은열매

063 **산철쭉** : 진달래과, 낙엽활엽관목, 잎은 가는 선형, 홍자색꽃

064 **산수유** : 층층나무과, 낙엽활엽교목, 노란꽃, 붉은색열매

065 상수리나무 : 참나무과, 낙엽활엽교목, 긴타원모양잎, 가장자리톱니

066 살구나무 : 장미과, 낙엽활엽교목, 분홍색 꽃, 잎자루가 붉은색

067 생강나무 : 녹나무과, 낙엽활엽관목, 노란꽃

068 서어나무 : 자작나무과, 낙엽활엽교목, 근육과 같은 나무껍질, 열매는 아래로 늘어짐

069 **석류나무** : 석류나무과, 낙엽활엽교목, 꽃과 열매는 주황색

070 **소나무** : 소나무과, 상록침엽교목, 2엽속생, 수피는 적갈색

071 **수국** : 범의귀과, 낙엽활엽관목, 잎은 마주나며 가장자리에 톱니

072 **수수꽃다리** : 물푸레나무과, 낙엽활엽관목, 자주색꽃

073 **쉬땅나무** : 장미과,낙엽활엽관목, 흰색꽃, 잎자루에 털이 있다.

074 **스트로브잣나무** : 소나무과, 상록침엽교목, 5엽송, 매끄러운 수피

075 **신갈나무** : 참나무과, 낙엽활엽교목, 잎은 파도 모양의 큰 톱니

076 **신나무** : 단풍나무과, 낙엽활엽교목, 잎은 세 갈래, 가운데가 길다.

077 **아까시나무** : 콩과, 낙엽활엽교목, 백색꽃

078 **앵도나무** : 장미과, 낙엽활엽관목, 흰색꽃, 작은 잎, 붉은색열매

079 **오동나무** : 현삼과, 낙엽활엽교목, 꽃은 보라색

080 **왕벚나무** : 장미과, 낙엽활엽교목, 흰색꽃, 검정색열매

081 은행나무 : 은행나무과, 낙엽침엽교목, 부채모양의 잎, 노란색열매

082 이팝나무 : 물푸레나무과, 낙엽활엽교목, 흰꽃, 검은색열매

083 인동덩굴 : 인동과, 상록활엽덩굴성관목, 흰꽃이 노란색으로 변함, 검은색열매

084 일본목련 : 목련과, 낙엽활엽교목, 흰꽃, 붉은색열매

085 **자귀나무** : 콩과, 낙엽활엽교목, 꽃부리는 위는 분홍, 아래는 흰색

086 **자작나무** : 자작나무과, 낙엽활엽교목, 삼각형 계란모양의 잎, 수피는 회백색

087 **작살나무** : 마편초과, 낙엽활엽관목, 보라색열매

088 **잣나무** : 소나무과, 상록침엽교목, 불규칙한 조각껍질, 오엽송

089 **전나무** : 소나무과, 상록침엽교목, 잎 뒤 기공선 2줄

090 **조릿대** : 상록활엽관목, 키 작은 대나무, 잎은 긴 타원형

091 **졸참나무** : 참나무과, 낙엽활엽교목, 잎은 참나무과 중 가장 작다.

092 **주목** : 주목과, 상록침엽교목, 붉은색열매

093 **중국단풍** : 단풍나무과, 낙엽활엽교목, 잎은 세 갈래로 갈라짐

094 **쥐똥나무** : 물푸레나무과, 낙엽활엽관목, 꽃은 흰색, 열매는 검은색

095 **진달래** : 진달래과, 낙엽활엽관목, 분홍색꽃

096 **쪽동백나무** : 때죽나무과, 낙엽활엽교목, 흰색꽃

097 　**참느릅나무** : 느릅나무과, 낙엽활엽교목, 잎은 타원형

098 　**철쭉** : 진달래과, 낙엽활엽관목, 꽃은 연분홍색

099 　**측백나무** : 측백나무과, 상록침엽교목, 비늘잎과 열매

100 　**층층나무** : 층층나무과, 낙엽활엽교목, 백색 작은 꽃, 흑색열매

101 **칠엽수** : 칠엽수과, 낙엽활엽교목, 흰꽃

102 **태산목** : 목련과, 상록활엽교목, 큰 흰꽃, 잎에 광택이 있다.

103 **탱자나무** : 콩과, 낙엽활엽관목, 흰꽃, 노란색열매

104 **백합나무** : 목련과, 낙엽활엽교목, 튤립과 같은 노란꽃

105 팔손이 : 두릅나무과, 상록활엽관목, 잎은 7~9갈래, 검은색열매

106 팥배나무 : 장미과, 낙엽활엽교목, 흰꽃, 열매는 팥모양

107 팽나무 : 느릅나무과, 낙엽활엽교목, 열매는 주황색

108 풍년화 : 조록나무과, 낙엽활엽관목, 노란색

109 **피나무** : 피나무과, 낙엽활엽교목, 담황색꽃, 잎은 어긋나기

110 **피라칸다** : 장미과, 상록활엽관목, 붉은열매, 꽃은 황백색

111 **해당화** : 장미과, 낙엽활엽관목, 홍자색꽃, 줄기에 가시

112 **향나무** : 측백나무과, 상록침엽교목, 비늘모양의 잎

113 　**호두나무** : 가래나무과, 낙엽활엽교목, 호두열매

114 　**호랑가시나무** : 감탕나무과, 상록활엽관목

115 　**화살나무** : 노박덩굴과, 낙엽활엽관목, 붉은열매, 수피는 회갈색

116 　**회양목** : 회양목과, 상록활엽관목, 작은잎 마주나기

117 **회화나무** : 콩과, 낙엽활엽교목, 흰색꽃

118 **후박나무** : 녹나무과, 상록활엽교목, 열매는 검정색, 꽃은 황록색

119 **흰말채나무** : 층층나무과, 낙엽활엽관목, 수피는 적색, 꽃과 열매는 흰색

120 **히어리** : 조록나무과, 낙엽활엽관목, 노란꽃

※ 수목감별 사진들은 국립생물자원관 한반도의 다양성 자료실 내 이용가능한 정보를 다운받아 수록한 것임을 알려드립니다.

memo

memo

memo

Q PASS

원큐패스 조경기능사 실기

지은이 현병희, 이찬호
펴낸이 정규도
펴낸곳 (주)다락원

초판 1쇄 발행 2025년 2월 7일

기획 권혁주, 김태광
편집 이후춘, 윤성미, 박소영

디자인 최예원, 황미연

다락원 경기도 파주시 문발로 211
내용문의: (02)736-2031 내선 291~296
구입문의: (02)736-2031 내선 250~252
Fax: (02)732-2037
출판등록 1977년 9월 16일 제406-2008-000007호

정가 30,000원

ISBN 978-89-277-7468-6 13370

● 원큐패스 카페(http://cafe.naver.com/1qpass)를 방문하시면 각종 시험에 관한 최신 정보와
  자료를 얻을 수 있습니다.